大展好書　好書大展
品嘗好書　冠群可期

太極拳大師吳圖南
演示之抱虎歸山

先師吳圖南與先師母
劉桂珍合影（1984）

作者與先師吳圖南
合影（1984）

作者與先師母劉桂珍
合影（1997）

作者于志鈞演示之
抱虎歸山（1996）

再傳學生于敏演示之
抱虎歸山（1984）

❖ 作者簡介 ❖

　　于志鈞是我國知名武術研究者、中國傳統武術史學者，北京資訊科技大學教授。1931年生，吉林市人。自幼喜愛中國武術。1940年開始習武，拜形意拳大師劉自久先生為師，學習形意拳及刀、劍、槍等器械。劉自久先生為我國著名形意拳宗師郭雲深的弟子，後從「奉天三老」之一的戳腳翻子大家楊俊峰學得九轉鴛鴦腿、青雲翻子、萃八翻子、捋手翻子、昆吾劍、攔刀、武侯刀、形刀、十刀、六合大槍等。于志鈞對此都有涉獵，用功頗深。

　　1950年考入北京清華大學學習，同年9月拜我國著名太極拳家吳圖南先生為師，學習太極門拳械，有宋遠橋太極功、楊式太極拳小架、內家拳太極功玄玄刀、武當乾坤劍（太極劍）、太極推手等。

　　1973年，從清乾隆武狀元第三名槍術大家萇乃周的第七代傳人、老八路（時任林業部政治部主任）胡復生先生習得桓侯八槍。

　　于志鈞習武重視實戰，會過各門派拳種的不同類型的習練者，包括一些名家，實戰經驗豐富。1997年，于志鈞應臺灣國術總會太極拳委員會暨臺北太極

館邀請，赴台進行太極拳交流、講學，由於不拒與臺灣同道交手切磋，多次與各種水準者實戰交流，為大陸太極拳界的高水準提供了一份實證，深得臺灣武術界之廣泛讚揚。

2005年、2006年、2008年三次應俄羅斯科學院遠東研究所邀請赴莫斯科、聖彼德堡、貝加爾湖等地遊覽，傳授太極拳、推手及器械，受到俄方好評。

于志鈞是我國積極搶救瀕於失傳的中國傳統武術的身體力行者。經他搶救的有重大價值者，有桓侯八槍、九轉鴛鴦腿、許宣平三世七太極功、化展拳、十刀、武侯刀、擲劍術、太極粘劍等等。

于志鈞已整理成書出版有《楊式太極拳小架及其技擊應用》（北京體育大學出版社出版）、《太極劍技擊大觀》（人民體育出版社出版）、《太極推手修煉》（北京體育大學出版社出版）、《太極拳正宗》（香港版）、《太極拳推手正宗》（香港版）、《中國傳統武術史》（人民大學出版社出版）、《桓侯八槍——萇氏太極槍》（人民體育出版社出版）。

❖ 序 ❖

　　《易經》在全世界都是一部知名的書，然而真正懂得「易經」、深入到「易經」內容的人，並不是很多。為什麼呢？因為《易經》太難懂了。「易經」有六十四個卦，每卦有六個爻，那麼，它就有384個爻。每個卦有一個卦辭、一個彖辭、一個象辭；每個爻有一個爻辭、一個爻的象辭。這樣算起來，就有960段辭語，在《易經》中叫「斷辭」，即斷定占卜結果的辭。

　　這些眾多的斷辭，並不是與抽籤簡單的一對一關係，進入卦還有一套複雜的占筮方法，進入卦之後還要看爻辭。

　　這還不算，卦分上（外）下（內）卦；爻有初、二、三、四、五、上，共六個位置，剛（陽）柔（陰）兩爻。卦與卦之間、爻與爻之間、爻與卦之間，都存在相互影響的關係。

　　此外，卦爻辭都是用古代文言寫的，所講的事、物又都是兩千五百年前上古時期的事、物，一個字義，並不一定是字的本義，也不一定是今義。

　　綜合以上，瞭解「易經」太難了，讀《易經》就

是研究「易經」。

尋找太極拳的理論之源，首先要讀「易」，即把《易經》讀懂；然後尋找太極拳與「易經」的連接點，即太極拳從哪兒進入「易經」？

占卜是靠抽籤進入卦爻的。太極拳顯然不能用抽籤的方法進入卦和爻。我們把每個卦的六個爻的剛柔虛實狀態與太極拳每一個拳勢的身體姿態和內部虛實作為切入點，進入「易經」。事實表明我們是成功的。

另外一個結合點是「易經」斷辭的吉和凶、得和失，它們是占卜的結論。這恰恰可以作為太極拳的技擊之優勢與劣勢、有利與不利。這些，對太極拳不僅有解釋的意義，更有前瞻性的指導意義。

《易經》各卦各爻的陰陽消長、變化，也是太極拳與易經的契合點。

《易經》中的六十四個卦是由上下或內外兩個八卦相錯構成的，這恰好符合太極拳勢的上和下及太極拳勢的內與外。

由此可見，占卜是靠抽籤的方法進入《易經》的；而太極拳則是靠技擊方法打入《易經》的。於是，《易經》不但推斷占卜的結果，也指導太極拳的理論與技術發展。

抽籤是一種偶然性的行為。敵我雙方搏擊，也是一種偶然。搏擊伊始，你無法斷定和掌握敵方的攻擊招勢，你不知道他要如何打你，這就是偶然性，技擊也是偶然性行為。從偶然性來講，兩者是一致的。這

就是打開《易經》大門的鑰匙！

《易經》不是賭博，不是一翻兩瞪眼的投機。從《易經》的推斷方法和斷辭的內容看，它是符合辯證統一的法則的，它是按一分為二的發展觀點行事的，它緊密地與占卜者因果聯繫。因此，《易經》是科學，而不是巫術。

作者從上述的觀點和方法出發，對太極拳的理論進行了深入、詳細地研究，剖析了太極拳的理論之源《易經》，用通俗的文字作出解釋，力圖使讀者容易讀懂。

作者為了撰寫本書，從開始構思，學習《易經》，到執筆寫作、完稿，前後花了6年時間。其間，遇到很大的困難，開始不懂《易經》的語言，後來又不得其門而入，幾乎停筆，三易書稿，推倒了重新開始。現在終於定稿，付之印刷，與讀者見面了。謝謝支持我的朋友、同好和家人！

于志鈞於北京

❖ 前 言 ❖

　　太極拳的經典理論，用言非常精闢，言簡意賅，對指導練習太極拳至關重要。目前，對太極拳經典理論有許多解釋，然而由於兩方面的原因，都有不夠深透之嫌。這兩方面原因，一是太極拳功夫較高的拳師，在中國傳統文化修養方面較欠缺；一是文化層次較高的人，往往太極拳的功夫不高。上述兩者，解釋太極拳經典理論，多流於表面化的文字推敲，或故神其道有失玄虛。

　　故，當今太極拳的出版物，在太極拳理論方面留下一個很大的缺口。作者有鑒於此，試圖編寫一本解析太極拳理論的書。

　　寫這樣一本書的難度是很大的，因為太極拳有很多流派，他們都有一些本門派長期奉為經典的理論，其中有一些可能並不正確或不完全正確，對此我們會很難說服，所以只能求同存異；我們不說人家就是不對，預留了一個討論的空間。

　　還有一個問題是讀者的太極拳水準高低懸殊，有人可能剛剛開始學習太極拳，還未接觸傳統太極拳；有人習練有年，可能太極推手和散手都有相當的水

準，甚至有很高的水準。本書就面臨一個讀者需求不一的問題。怎麼辦呢？

作者準備兼顧不同水準的讀者，書可以反覆地讀，隨著太極拳的功夫提高，對理論的理解就會加深。

如果理論僅僅起到回顧驗證的作用，那就失去理論的意義。理論的重要意義是指導實踐。太極拳的理論，是指導太極拳的習練和技擊應用。所以，我們力圖使讀過本書的太極拳愛好者都能有所收益，對自己的拳藝理論能有所提高，對高水準者，也希望能有助於教學工作。

太極拳出現的歷史不是很長，然而從它的孕育歷史，可以追溯到2500年前的春秋戰國；它的理論可追溯到3000年前的「周易」。太極拳的理論涉及易學、老子、莊子、孔子、孫子、黃帝內經、道家七大學說。然而，其根本是易學，即《易經》。

太極拳不僅僅是一個理論系統，也不僅是一個技擊方法，它的地位遠遠超過一門傳統技擊術，它實際上是世界上兩大技擊體系之一的代表，那就是以強者哲學為理念的西方技擊術和弱能勝強為哲學理念的中國傳統技擊術。我們從這個高度認識太極拳。

太極拳的經典理論，講的是太極拳「以靜制動」「以柔克剛」「以小力勝大力」的技擊原理，它有極豐富的實踐領域，所有的原理在技擊對抗中都能體現出來，表現出高超的技藝水準。

本書有堅實的中國歷史背景，立足於豐富的太極

拳實戰經驗，使理論的解讀實實在在，沒有玄虛之
感，令人信服。

本書包含下述內容：

1.簡要地介紹了《易經》的基本知識；

2.打開太極拳進入《易經》大門的鑰匙；

3.從《易經》上下卦和內外卦的關係找出太極拳
的理論根源；

4.從《易經》的卦和爻辭剖析太極拳勢；

5.用孔子解釋《易經》的著作《繫辭傳》剖析王
宗岳《太極拳論》。

6.剖析宋遠橋太極功的易理。

本書是第一部全面系統闡述太極拳的易理基礎之
書。希望讀者能開券有益！

❖ 目　錄 ❖

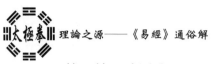

第一章　中國傳統武術理論之源──《易經》

　　《易》包含《經》和《傳》兩個部分。前者是經文，稱為《易經》；後者是解釋經文的，稱為《易傳》。《易經》是占卜的書，歷史上曾有過三種不同的易，它們是《連山》《歸藏》和《周易》，即夏代、商代和周代的易。前二者已經失傳，現在的《易經》是周易。

　　《易經》的價值不在於占卜，它是中國五千年文明之源泉，它提出了一套完整而系統的對宇宙萬物生成、發展和相互關係的看法；它在三千年之前就揭示了宇宙演化的核心「一分為二」的辯證統一規律；在世界上第一個創造了「二進位制」的計數法「八卦」；提出了「天人合一」的宇宙觀。

　　這些偉大的科學原理，指導了中國的文化發展，指導了中華文明的一切方面，如天文、地理、軍事、政治、科學、技術、醫藥、衛生、體育、道德等等。

　　在中國整個古代社會，沒有一件事物不是與易學相聯繫的，沒有一項發展不是在《易》的學說下指導進行的。武術的發展也不例外。

第一節 《易經》的基本知識

一、卦和爻

《易經》，由六十四個「卦」的符號和「卦辭」及「爻辭」構成。

六十四卦是由下而上的六個稱做「爻」的符號組成。「爻」的符號有兩種，分別是「━」和「--」。━與--的屬性相反：━代表陽、剛、男、君、強、奇數等陽剛事物；--代表陰、柔、女、臣、弱、偶數等陰柔事物。所以，━稱陽爻；--稱陰爻。

陽爻━，用奇數一、三、五、七、九中最大的「九」代表，稱「九」。陰爻--，用偶數二、四、六、八、十的中位數「六」代表，稱「六」。

卦的構成，由下而上的六個爻，最下的位置稱「初」，順序而上，稱「二」「三」「四」「五」，最上的位置稱「上」。以乾卦為例，六個爻全是陽（☰），所以由下而上的六爻分別稱為「初九」「九二」「九三」「九四」「九五」「上九」。又以坤卦為例，六個爻全部是陰（☷），由下而上的六爻分別稱為「初六」「六二」「六三」「六四」「六五」「上六」。

六十四卦，以上下各三爻為一組，上面的三爻，稱「上卦」或「外卦」；下面的三爻，稱「下卦」或「內

卦」。

　　伏羲是古代傳說中的帝王，傳說他演出「八卦」，即三個陽（—）爻或陰（‑‑）爻，由上而下排列成八種符號，稱乾（☰）、坤（☷）、震（☳）、巽（☴）、坎（☵）、離（☲）、艮（☶）、兌（☱）卦，是易經的基礎。

　　八卦的八種符號，陽爻為「1」；陰爻為「0」，就成了二進位制數「111」「000」「001」「110」「010」「101」「100」「011」，即八進位制的7、0、1、6、2、5、4、3。這是今天現代電子電腦的理論基礎。中國人的祖先，在至少三千年前就發現了「二進位制」數的秘密，是非常偉大的。

　　八卦象徵宇宙萬物，古代人們的認識，八卦的具體象徵如下表：

卦名	乾☰	坤☷	震☳	巽☴	坎☵	離☲	艮☶	兌☱
自然	天	地	雷	風木	水雨	火日	山	澤
人	父	母	長男	長女	中男	中女	少男	少女
屬性	鍵	順	動	入	陷	附	止	悅
動物	馬	牛	龍	雞	豬	雉	狗	羊
身體	首	腹	足	股	耳	目	手	口
方位	西北	西南	東	東南	北	南	東北	西
季節	秋冬	夏秋	春	春夏	冬	夏	冬春	秋

二、八卦圖

《說卦傳》說：「帝出乎震，齊乎巽，相見乎離，致役乎坤，說言乎兌，戰乎乾，勞乎坎，成言乎艮。萬物出乎震，震東方也。齊乎巽，巽東南也；齊也者，言萬物之潔齊也。離也者，明也，萬物皆相見，南方之卦也，聖人南面聽天下，嚮明而治，蓋取諸此也。坤也者地也，萬物皆致養焉，故曰致役乎坤。兌正秋也，萬物之所說也，故曰說；言乎兌。戰乎乾，乾西北之卦也，言陰陽相薄也。坎者水也，正北方之卦也，勞卦也，萬物之所歸也，故曰勞乎坎。艮東北之卦也，萬物之所成，終而所成始也，故曰成言乎艮。」

宋代學者根據《說卦傳》的這段文字，繪出「後天八卦圖」，亦稱「文王八卦圖」（文王即周文王），如圖1－1。

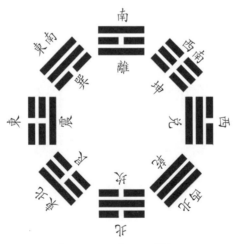

圖1－1　後天八卦圖

象徵宇宙萬物，八卦顯然是不夠的。八卦相錯，即上下卦相錯動，產生了六十四卦，構成了《易經》的全部

六十四卦各有其名稱，並注以上下卦名稱，例如：隨䷐震下兌上。

　　六十四卦，每一卦的後面，都附有解說文字。解說全卦的文字，稱「卦辭」，也稱「彖辭」。卦辭後面是「爻辭」，解說六爻的每一爻的含義。

　　「象」分「大象」和「小象」，是進一步說明卦辭和爻辭的。

三、打開易經的鑰匙──《易傳》

　　《易經》共有十篇，稱做「十翼」。翼是輔助易經，幫助瞭解易經的意思，被認為是孔子寫的。十翼含「彖傳」上下、「象傳」上下、「繫辭」上下、「文言傳」「說卦傳」「序卦傳」「雜卦傳」，共十篇。

　　《史記・孔子世家》說：「孔子晚喜易，序彖、象、說卦、文言，讀易韋三絕。」

　　當時的書是寫在竹簡上，用皮帶穿起來，稱做「韋編」。此處說，孔子讀《易經》，反覆地讀，把皮帶翻斷了三次。形容他研讀之精深和刻苦，如此，加上天才，才寫出《十翼》。

　　《彖傳》是「卦辭」的解釋，說明卦的意義。

　　《大象》將六爻還原成三爻的八卦，用八卦說明全卦。

　　《小象》以各爻的位置說明每個爻辭。

《繫辭傳》是易的整體說明，使易不僅是占卜，更提升為哲學。

《文言傳》是對六十四卦中最重要的「乾」「坤」兩卦的詳細解說。

《說卦傳》分成兩部分，前半是易的整體概念；後半是說明八卦象徵。

《序卦傳》專門研究六十四卦排列順序的意義。

《雜卦傳》是把六十四卦中相反的兩卦，用一句話扼要說明。

《漢書・藝文志》說：「易道深，人更三聖，世歷三古。」「三聖」指伏羲、周文王和孔子；「三古」為上古、中古、近古，歷時兩千年。說明《易》是一部偉大的著作。

四、占筮的方法

《易經》是一部占筮的書，用蓍草占卜。古代占卜，用五十根蓍草，方法很繁複。本書不是研究占筮的，故略去占筮的方法。

占筮是隨機性的，它與問卜者所想知道的未來、未知的事沒有必然的聯繫，它的奧妙在於「易」，就是變化。例如你占了一個「凶」卦，但至今你的生活都很順，沒有「凶」象，於是便可解說為，你將要遇到「凶」事。占卜到此並未完結，還要進一步看卦「象」，進入爻辭，再看看他們是怎說的。於是，逢「凶」可化「吉」，「吉」可生「凶」；「凶」中有「吉」，「吉」中含

「凶」。如此等等，使問卜者「滿意」，卜者「不敗」。
這是江湖術士的生意經。

　　如此，《易經》不成了一大「騙」書了嗎？還有什麼價值？非也。關鍵是《易經》包含一套哲理的變化，它是積累上千年的占筮資料的推理總結，是偉大的辯證法，它先於歐洲的黑格爾辯證法，至少早三千年。

　　《繫辭下》說：「易之為書也，不可遠；為道也屢遷。變動不居，周流六虛，上下無常，剛柔相易，不可為典要，唯變所適。」

　　這段話的意思是：《易經》這本書不是說很遠的事，作為法則一直在改變，變動不拘形式，變通在六爻之間，上下兩卦變化無常，剛柔相變換，不可作為死教條，只有針對變化了的事物採取適應的辦法。這種「法無常規」的思想，貫串整個中華文明，也是中國傳統武術的基本指導思想。

第二節　傳統武術的哲理是《易經》
　　　　　對宇宙的認識論

一、太極學說

　　《易傳·繫辭上》說：「易有大極，是生兩儀，兩儀生四象，四象生八卦。」

　　此外，「大」讀作「太」。天地混沌陰陽未分，宇宙萬物由此創造，稱做「太極」。這裏提出一個「一分為

二」的宇宙創成說。

此外，它含有「旋轉」的思想。「八卦相錯」生六十四卦，這內、外卦相對「旋轉」。這種旋轉產生離心的傾向，「輻射」的作用。

這些思想，儼然是一個「銀河系」。如圖1－2所示，是帕洛馬山200英寸天文望遠鏡拍攝的大熊座內M81星系，距我們銀河系約一千萬光年。我們可以清楚地看到星系的核心和旋渦臂，兩個主要的旋渦臂上還有次一級的旋渦臂，它們是由眾多的巨星、星雲和星團構成的。由於我們不是天文學家，我們不做過多的比較。然而，總可以看出，其中存在某種溝通。

圖1－2　200英寸天文望遠鏡拍攝的距我們銀河系
　　　　一千萬光年的M81星系

《易傳‧繫辭上》說：「乾之策，二百一十有六。坤之策，百四十有四。凡三百有六十，當期之日。二篇之策，萬有一千五百二十，當萬物之數也。」

這說明孔子的偉大，他在二千七百年前，就能用一句話把易經六十四卦，四十九根蓍草占筮的陰爻、陽爻數目都計算出來，合計一萬一千五百二十之數。孔子太偉大了，說明古之聖是存在的，「聖」非凡人。

「策」是推算時蓍草的根數。占筮時，得到乾爻或坤爻。乾（—）以「九」代表，每次數四根，九乘以四為三十六，全部六爻都是乾之數，再乘以六，即二百一十六。坤（--）以「六」代表，每次數四根，六乘以四為二十四，全部六爻為坤，再乘以六，即一百四十四之數。合計為三百六十，為一年之日數。全部六十四卦，陰陽爻各一百九十二，分別乘以三十六與二十四，合計一萬一千五百二十，相當萬物。

中國傳統武術，「武當」「少林」兩大名宗，合陰（--）陽（—）兩儀之表；內外兩家、南北兩派合四象之屬；太極、形意、八卦、洪拳、通臂、八極、戳腳、詠春八大名門。硬兵器十八、軟兵器十八，合計三十六，明（兵）暗（器）各半；正宗二千，旁門無數，合計一萬之數。請看！世界上有哪一個國家、民族，有如此眾多奇妙的古代技擊術！這就是偉大的《易》的體現。

二、天人合一

《易經》中提出一個宇宙創成說，即「太極學

說」，說「元始」是一個渾沌，後來分開了，成為天地，天地生萬物，而人當屬萬物之中，天地把人夾在中間。這樣的看法，在科學發達的今天，有點太過樸實了，然而，它有一個合理的核心，那就是把人和天地看成是一個統一系統，這就是「天人合一」的認識。

《繫辭上》說：「範圍天地之化而不過，曲成萬物而不遺，通乎晝夜之道而知，故神無方而易無體。」意思是說，天地是一個大熔爐，一切都熔化於天地之中；「曲成」是鑄就的意思，即鑄成萬物而不遺漏；「晝夜」即陰陽，由陰陽之道而知萬物，所以，「神」無方位，無處不在；易無形體，一切都在變化之中。人，萬物之一體，因天地而生，知陰陽而明易，是為神明。

這種認識論，一直指導著中國古代的政治、軍事、天文、地理、科學、工程、技術、藝術、醫藥、宗教、養生的研究和發展，在當時是先進的。

「天人合一」的理念，不但指導傳統武術的理論研究，而且給傳統武術提出方法。最重要的方法有如下一些：

1. 練習樁功

中華武術認為，人立於地，要想在搏擊中勝人，必須紮根於地。方法是練習樁功，長時間地站某一種姿勢，例如馬步、弓步或坐步（也叫虛步），要求站如鬆，坐如鐘。二人對峙，靜止從容。不像西方拳擊，兩人相對，蹦蹦跳跳。

2. 頭上頂而目平視

頭上頂則身正，佔有行動空間；目平視則佔有視覺空間。西方拳擊，低頭、目上視，失盡行為和視覺空間。低頭失天，舉目失地。故傳統武術不拋頭露喉，不縮頭藏頸，不雙目上舉。

3. 力從足上起

傳統武術認為，地為力之源，一切力量從地起，由足而上，經身而形於掌指，所謂「整勁」，形成一個穩定正三角形的體態。而西方拳擊認為力量由肌腱而來，重視上肢力量的訓練，形成上大下小的不穩定倒三角形的體態。

4. 練　氣

練氣本為道家修煉之術，用之於傳統武術，有「納氣」「行氣」「運氣」「使氣」之分。納氣於天（自然界）以養「精」；行氣於身以通經絡；運氣於腠理（皮下與肌肉之間的空隙）以護體；使氣於骨以克敵。中國武術，不分內外家，沒有不練氣的。而西方絕無練氣之說，什麼是「氣」？西方一不知道，二不相信。

三、大、小周天

「天人合一」導出「大、小周天」的認識。
人立於天地之間，從天、地、人三者關係看，天給

人以助（雨露滋潤），地給人以生（衣食住行）；一年四時（季），二十四節氣，三百六十日；日有晝夜之分，天有寒暑之別，週而復始，循環不已。此為「大周天」。

習武者，冬練「三九」，夏練「三伏」，二五更的功夫，三百六十天不間斷，活到老練到老。這是「小周天」，諧合大周天之「四時」「二十四節氣」「三百六十天」「晝夜」「寒暑」。

從技擊的角度，「大周天」跳出對抗雙方，看雙方搏擊是一個與天地相連的相關系統，一方之一靜一動都非孤立，都影響對立的一方。同時，借地之力，納天之氣，壯人之勢，天地人形成一體。

「小周天」是大周天的人身縮影。頭圓為「天」；腳方為「地」；四肢為「四時」；五臟為「五嶽」；六腑為「丘陵」；血脈為「河流」；腎為「澤」；雙目為「日月」；呼吸為「象」；心司「命」；意司「體」；感通經絡，循環不已。

大周天知人，小周天知己。知彼知己，百戰不殆。

第三節　傳統武術的技擊理論建立在《易經》的對立統一變化規津上

《易經》的對立統一規律有四點：一曰「乾坤成列」；二曰剛柔相摩」；三曰「剛柔相推」；四曰「動靜有常」。第一講，萬物都是由性質相對立的兩種物體構成的，缺一方，另一方就不存在，相依而存。第二講，性質相反的兩物的關係是相互矛盾的，相互摩擦，此消彼長。

第三講，在時間上兩者相互推進，剛推柔，柔推剛。第四講，在行為上，主客易位。中國傳統武術尤其是太極拳，對此表現尤為突出。

一、乾坤成列

《易傳·繫辭上》說「乾坤其易之縕邪？乾坤成列，而易立乎其中矣。乾坤毀，則無以見易；易不可見，則乾坤或幾乎息矣。」

此處的「易」，既可理解為「易經」，也可理解為「變易」；乾坤為天地、陰陽，萬物之本，是成對排列的，例如君臣、父子、男女、寒暑、冷熱、長短、高低、大小等等。它們不是固定的而是相對的，是可以變化的。對應雙方之一不存在了，其另一方也就不存在，它們自身就毀滅了。

「乾坤成列」在傳統武術中佔有重要的理論和實踐地位。傳統武術的拳法、劍法、刀法、槍術，許多名稱都以「乾坤」命名，例如「乾坤劍法」「日月刀法」「陰把槍」「陽把槍」。武術中的許多動作都歸納為相對立的兩個方面，如屈伸、開合、虛實、動靜、進退、剛柔、鬆緊、吞吐、直曲、縱橫等等。古代稱劍法為「縱橫之術」。這些東西，都是缺了一方，另一方就不存在的，所以說「乾坤毀，則無以見易」。

由此我們指出，目前太極拳運動的一個錯誤傾向是，有些教授太極拳者，一味地要求習練太極拳者「鬆」，一「鬆」到底。結果，習練者尤其是中老年習練

者，打一趟太極拳，從始到終鬆鬆懈懈，久而久之形成駝背，腹肌鬆弛，大腹便便。太極拳不能只鬆不緊，有悖「乾坤成列」之理。

二、剛柔相摩

《繫辭上》說：「剛柔相摩，八卦相盪。」

「相摩」是相互摩擦、接觸的意思。所以，「相摩」指對立雙方，即易中的陽爻（—）和陰爻（--）相互接觸的關係。在武術中表現為你剛我柔、你消我長、你伸我屈、你縱我橫、你直我曲、你開我合、你動我靜、你實我虛、你進我退、你張我弛、你緊我鬆、你僵硬我柔軟、你重我輕、你死我活等一系列因應之策。

「八卦相盪」，由三爻變成六爻，上下卦位置相錯，而生新卦。「相盪」仍然是接觸的關係，然而由於是八卦，其關係就更加複雜。「剛柔相摩」是就對抗雙方整體而言。八卦含三爻，人身分上、中、下三段，首為上，身為中，足為下。「首」司令，指揮全局，可司陰令，可司陽令；「身」主形，可正可倚；「足」為根，可虛可實。上卦三爻為手臂、頭、身（脊）；下卦三爻胯、膝、腳，又是無窮變化。敵我之間，是內外卦的關係，由此演出「八卦掌」。

三、剛柔相推

《繫辭下》說：「剛柔相推，變在其中矣。」

這裏「剛柔」仍是廣義的，泛指陽爻和陰爻。「相推」是指先後順序，說陽爻和陰爻在先後時間上發生了變化，由陽變成陰，或由陰變成陽。變爻，可能有利，也可能不利。如何會有利？這要瞭解「剛柔」的性質和當時所處的地位。

　　《易》曰：「柔之為道，不利遠者。」

　　「柔」的本質是弱，以柔克剛，必須借敵之力，所以離敵人遠了不利，距敵遠，正是敵人拳打腳踢的好機會。

　　《易》又說：「三與五，同功而異位，三多凶，五多功，貴賤之等也。其柔危，其剛勝邪？」

　　一個卦有六爻，如果三爻和五爻都是陽，那麼三爻與五爻功能是相同的，都是剛；然而，位置不同，三爻多失敗，五爻多成功。為什麼呢？因為三爻在下卦頂，頂則滿，滿是陽剛過度，則多兇險。搏擊雙方，強壯的一方常恃強凌弱，出手多重擊，這就是過度，非常危險，一旦擊空，難以挽回，為弱者所乘。五爻在上卦中間的位置，處於君位，剛毅中庸，又居主位，稱「九五」，有上下爻輔佐，故多成功。所以，不一定柔必敗而剛必勝。柔是可以克剛的，然而當剛處在有利地位時，柔就不能克剛。所以，在技擊中一味地柔化，退讓而不反擊，也要遭到失敗。

　　《繫辭下》說：「陽卦多陰，陰卦多陽。」「陽一君而二民，君子之道也。陰二君而一民，小人之道也。」

　　八卦中震（☳）、坎（☵）、艮（☶）是陽卦；巽（☴）、離（☲）、兌（☱）是陰卦。陽卦一陽（━）二

陰（--）；陰卦二陽（—）一陰（--）。

一君（—）二民（--），相安而有德；二君（—）爭一民（--）則亂而無德。中國傳統武術的招法有陰陽之分，剛柔之屬。陽剛的招法常在明處，陰柔的招法常在暗處，上肢為明，下肢為暗，故明出拳而暗出腳。明為虛；暗為實，故上虛下實，手虛晃而腳實踢。《易》曰：「剛柔雜居，而吉凶可見矣。」雙方對搏，虛虛實實，虛變實，實變虛，剛柔相推，勝負可見。凡此皆是變爻，陽變陰，陰變陽。

我們舉個例子：太極拳八法中之「挒」是震卦（☳），屬陽卦，招法為明。挒是一手攬對方手腕，另一手前臂抵對方被攬的手臂的前臂或肘部，以我為中心向外旋，將對方離心掄出。挒是否有效的關鍵是攬住對方手腕，這個動作叫「採」。如果你明著去抓對方的手腕，對方發覺，你就很難抓得著，多半抓空。怎麼辦？挒的震卦要變爻，既陽爻變陰爻，陰爻變陽爻，成為巽卦（☴），巽卦為採，二主爭一民，是陰卦，為暗招。所以，採必須偷襲，攬對方的手腕於不知不覺中，方能成功。

再舉一個例子：乾卦滿，三爻皆為陽（☰），為掤，過於陽剛，所以「掤」要防過，留有餘地。坤卦空，三爻皆為陰（☷），為捋，過於陰柔，所以「捋」要防對方正面突破，不能雙手拉住對方手臂向懷中猛拽。怎麼辦？要把三個陰爻之一變為陽，例如把下爻變為陽爻，成為震卦（☳），變為挒，身一旋轉，把對方甩出，離開我身，由捋變挒。如果把上爻變為陽爻，成為艮卦（☶），變為靠，乘對方突進，我旋肩靠打，將其擊出。這都是由變爻

以陽濟陰的打法。奧妙無窮。

四、動靜有常

《繫辭上》說：「動靜有常，剛柔斷矣。」

動靜是行為的兩種狀態，剛柔泛指行為的結果。這句話的意思是，一個行為沒有啟動，就說不上結果是什麼；當這個行為一實行，其結果就出來了。在技擊中，雙方對峙不動，一切矛盾都含蓄不露，只要有一方一動，對立的矛盾就出來了。例如我順人背、敵強我弱、人剛我柔、敵攻我守、敵進我退等等。於是，在傳統武術中出現了「後發制人」「以靜制動」的技擊思想。這是內家拳的重要理論和方法支柱。

「動靜有常，剛柔斷矣」，在指導技擊上，關鍵是「主客」易位，所以才能「後發制人」和「以靜制動」。我們舉個例子：敵我對峙，我不動時，我是很主動的，我可以出拳擊彼頭、胸或腹，也可以起腳踢敵襠部、胸腹，或虛出手誘其出手，此時，我是主，彼為客。然而，我一拳打出或一腿踢出，形勢就變了；我若出拳實擊，就不能也出腿實踢，否則我就陷於被動，對方要怎麼對付我，卻有相當的主動權。這時，主客易位，我由主動變為被動，而對方則由被動變為主動。然而，這種主客易位並非絕對的，如果我一拳擊中或彼出手接空，我拳虛打又收了回來，那麼彼將重新處於被動。

所以，由上面的論述，我們可以得出結論：傳統武術的技擊理論是建立在《易》的對立統一規律上的。

第四節　通往神明之路

　　傳統武術，神乎其技。自古以來，多少先哲為了追求中華武功的「神明」之境，窮畢生之精力，苦苦追求，把中華武技練到精奇絕倫、不可臆測之界。哪裏來的如此毅力？窮追苦練，必須有非常大的信心。信心來自何方？這就是《易》告訴我們的通往神明之路。

　　《易》理是認識宇宙的真理，是具普遍性的，它涵蓋了中國傳統文化的一切方面。

一、何謂「神明」？

　　古代各行各業，其技藝達到上乘者，皆曰「神」，如神農、神醫、神算；養生長壽者稱「神仙」；技藝超群者稱「神技」；偉大的建築稱「鬼斧神工」等等。

　　傳統武術，也把最高的功夫稱做「神明」。神明不是抽象的，古代武林追求「打敗天下無敵手」。文無第一，武無第二，若為第二就站不住腳了，師父被打敗了，就樹倒猢猻散，徒弟們另投高明。因而太極拳出了「楊無敵」；形意拳出了「半步崩拳打遍天下」的郭雲深；八卦掌董海川生平無敗績等等，似乎自古以來，武術界就是要爭「武林霸主」，但這是歪曲歷史的。

　　「神明」，自古以來就是一種高尚、高超和高雅，不是打架鬥毆之輩所能達到的。

《易》曰：「一陰一陽之謂道。」這裏的「道」指規律和法則。宇宙的一切，都是陰陽變化，陰陽變化是有規律和遵守一定的法則的。

又說：「陰陽不測之謂神。」常言道「天有不測風雲」，不測就是不知道，未認識。一個事物，你不知不識，就是「神」。古代之所以出現那麼多的神，皆因人不能解釋和駕馭的原因。

武術亦同理，與人交手，人家出手把你打出去，你還回味不出他是如何把你打出去的，這就是「神」，所謂「拳打不知」。

二、高超、高雅、高尚

傳統武術是一種藝術瑰寶，它與其他藝術如詩、書、畫、樂、舞一樣，是高超、高雅和高尚的，如此才「階及神明」。

《繫辭上》說：「闔戶謂之坤，闢戶謂之乾；一闔一闢謂之變；往來不窮謂之通；見乃謂之象；形乃謂之器；制而用之謂之法；利用出入，民咸用之，謂之神。」

這段話，指出通往神明之路。開為乾，合為坤；一開一合為變化，意思是門戶；「往來」是道路，「不窮」意思是流動；「象」是客觀，「見」是主觀，這是一種認識論，即存在決定於主觀看得見；「器」是有形的；使用要有一定的方法，全民都利用，這就「神」了。這顯然講的是社會。但是，「易」對「神」作了一個解釋，那就是不神，大家都可以做到。這個解釋非常重要，如此，人們

才會有信心去追求精益求精，達到神明之境。

武術界有人把神明之境說成「誰也打不過他」，追求這個，只會道德敗壞，被人唾棄。實際上，也沒有這樣的功夫。一切都是相對的，一個人比另一個人高，也不一定處處都高，拳術高明，刀術、劍術未必也高明。「神明」是一個追求目標，而不是一個「無敵天下」的標籤。

《易》曰：「形而上者謂之道；形而下者謂之器；化而裁之謂之變；推而行之謂之通。」

易學把超出形象視為高級的理論，是指導性的法則，這是「高超」的東西，不是常人能認識和掌握的，這是「神明」的核心即「道」。武藝之中，能「勝」人者，未必能領悟到道理。故武術界常說「由武及道」，就是這個意思。

有形的東西，即「形而下者」，只不過是工具、器具。武術的具體方法，就是這類東西。具體的方法，要靈活掌握，不能死守其法，「化而裁之」，要變化。而重要的是實際應用，即「推而行之」，才真正能夠豁然貫通。

這裏，《易》指明了理論、方法、活用、實踐，這樣一條道路。這是傳統武術的理、技、應（變）、實戰（經驗）通往「神明」之路。

《繫辭上》：「初六，藉用白茅，無咎。」子曰：「苟錯諸地而可矣；藉之用茅，何咎之有？慎之至也。夫茅之為物薄，而用可重也。慎斯術也以往，其無所失矣。」

前句是「大過卦」初六的爻辭，是說祭器之下鋪以白茅草，沒有過失。孔子說：「祭器本來可以放在地下，

現在下面鋪上了茅草，沒什麼不對的，是很慎重的表現；而鋪在祭器之下，就是重用了。」

由此，推及其他，就不會有失了。這裏表現「物薄而用重」，就是高雅。如果是物「重」而重用，如帝王陵寢中葬以重寶，這就是俗而非雅。

傳統武術，最終的追求是由技入藝，再不是「南山打猛虎，東海擒蛟龍」的一介武夫。

《易經・中孚卦》「鳴鶴在陰，其子和之，我有好爵，吾與爾靡之。」子曰：「君子居其室，出其言，善則千里之外應之，……不善則千里之外違之，況其邇者乎？」

這裏最重要的兩句話，是孔夫子說的「善則千里之外應之」「不善則千里之外違之」。一位武功高超的人，必須是道德高尚的人，武林同道都尊重他，而不是「打遍天下無敵手」，不是什麼「楊無敵」「郭無敵」。「無敵」不是傳統武術的「神明」之境。反其道、逆其徑者也。你武功高超，道德高尚，千里之外都佩服你；反之，你即或武功高超，卻道德敗壞，千里之外也不服你。這就是武德。

三、感而遂通

《繫辭上》說：「易無思也，無為也，寂然不動，感而遂通天下之故。」

人是有大腦思維的，對一個不瞭解的東西，要瞭解它，需要從各方面觀察它，試驗它，掌握其特性，最終駕

馭它，這需要較長的過程。傳統武術的練功，就是這種認識、試驗和駕馭過程。然而在技擊應用上，這種通過大腦思維的過程就不成了，太慢了。不能靠思維，要靠反應。這就是依靠平時練功的積累，臨戰時的反應，對方一出手投足，我即感而應之，反擊回去。所以說，《易》把這叫做「無思」「無為」，臨戰前一切都靜止不動，一觸即發。

傳統武術常分三個層次：下、中、上乘。下乘是見招用式，磕磕碰碰；中乘是「用意不用力」；上乘是「感而應之」。這些思想都來源於《易》。

《易》又說：「非天下之至神，其孰能與於此。」

四、神而明之

《繫辭上》：「化而裁之，存乎變；推而行之，存乎通；神而明之，存乎其人。」

從武術看，拳、劍、刀、槍的方法是固定的，所謂練到「化」境，就是「化而裁之」，其關鍵在變化；是否精通？要實戰，即「推而行之」；至於能否達到「神明」之境，則要看人的追求、悟性和實踐了。

《太極拳論》說：「由招熟而漸悟懂勁，由懂勁而階及神明，然非用力之久，不能豁然貫通焉。」這完全出自《易》。「招熟」者「化而裁之」；「懂勁」者「推而行之」；「神明」者「存乎其人」！

第五節　易無止境

《繫辭下》：「易之為書也，不可遠；為道也屢遷。變動不居，周流六虛，上下無常，剛柔相易，不可為典要，唯變所適。」

《易經》是一本占卜的書，順行可上溯到祖先，逆測可知未來。然而，它不能推測很遠，它是根據幾千年的積累資料不斷修改推斷的結論，作為法則是經常變的。變動不拘形式，變通在六爻之間，上下卦錯動無常，陰陽爻相交換，不可作為經典，只有適應變化了的情況採取相應的對策。這裏提出了一個「法無常規」和「易無止境」的思想，中國的一切傳統藝術，都遵循這個道理而發展。「法無常規」使我們不斷改進；「易」可改為「藝」，「藝無止境」使我們「精益求精」，永不自滿。

中國傳統武術的修煉者，就是本著這種精神把傳統武術推上藝術的頂峰。其根源於《易》！

有人會說，上面的說法是對的，但是世界上一切事有成者都是這樣做的，所以沒有什麼特別值得誇耀的。我們說，非也！問題在於《易》的思想具體化，那就是「周流六虛，上下無常，剛柔相易」，這是對「唯變所適」的高度概括，它成了創造的無限源泉。

「周流六虛」。人體有十二正經：六陽經（手三陽、足三陽）；六陰經（手三陰、足三陰），合六虛之數。周流六虛，行經路線是，手三陰從身體內側的胸部

起，循行臂內側至手指末梢，入手三陽經。三陽經由手指外側起，循臂外側行至頭部，入足三陽經。再由頭循背部至腿外側，至腳趾，入足三陰經。由腳趾起，循踝內側上行，經腿內側至腹、胸部，而終入手三陰，再入手三陽。如此循環，流注不息。在十二經的路線上，分佈著眾多的穴位，是經絡的觀測、感應視窗。周流的是什麼東西，術語曰「氣」，故有「煉氣」之說。傳統武術欲達上乘，都要煉氣，即「氣功」，練習方法各異，功效歸一。

「上下無常」，即言人體之上下，又言人體之內外，「內實精神，外示安逸」，修煉「內力」。擊人，外無傷而內臟腑皆裂。

「剛柔相易」，柔能克剛，到「以柔克剛」，是技擊術的一大革命。

故而，只有在中國，在偉大的易理指引下才會出現博大精深的太極拳！

第二章　打開《易經》的鑰匙

　　自古至今，有許多研究《易經》的人，試圖解釋，各有建樹，也各有不足，難服眾人。孔子著《十翼》，這是對易經最權威的解釋。孔子是聖人，後人無人出其左右者。今人不要說解釋了，能理解孔子的解說亦屬不易。把易經僅僅當成是占卜的書，那是江湖術士。所以，研究《易經》，重要的是解讀。各行各業的人，研究《易經》，主要是尋求理論根據，指導自己的實踐。

　　太極拳的理論研究與所有的中國傳統藝術一樣，脫離不了《易經》。問題是從哪兒下手？此前，不乏人試圖研究這個問題。然而，大多是僅用了《易經》的陰陽八卦術語，作些表面的對照而已。少數著作，混雜道教經典，故弄玄虛，把太極拳的原理引向神秘的荒誕玄學之路，令人不解，望而卻步。也有把太極拳勢與《易經》中的卦辭相聯繫，生搬硬套，搞在一起，人們看不出什麼要領。

　　所以會出現這些現象，是因為沒有找到打開《易經》大門的鑰匙。

　　打開《易經》大門的鑰匙是什麼呢？那就是孔子的《十翼》。《十翼》不是對易經的逐條解釋，乃是告訴你，如何解讀《易經》。這正是我們研究太極拳的古典哲

學原理所需要的，是我們所需要的打開《易經》的鑰匙！我們不要貪天功為己有，我們是踩著先哲的腳印走的。

一項理論，它必須是從實踐中來。有眾多的實踐，從中找出規律性的東西，上升為理論，理論反過來指導實踐，再在實踐中驗證理論的真實性和正確性。這是一個發展和創造的過程。

太極拳的易學原理，就是這樣一個過程。太極拳是一種武術，有其自身的技擊規律。然而，武術的技擊規律不會是易學規律的照搬。太極拳是遵守易學規律的拳種。

易經來源於占卜，總結的是占卜的規律。中國古代，特別是在遠古，占卜積累了大量社會生產生活資料、大量對天文氣象地理的自然觀測資料、大量的歷史變遷資料。孔子說：「古者包羲氏之王天下也，仰則觀象於天，俯則觀法於地，觀鳥獸之文，與地之宜，近取諸身，遠取諸物，於是作八卦，以通神明之德，以類萬物之精。」（繫辭下）《漢書·藝文志》說：「易道深，人更三聖，世歷三古。」

「三聖」指上古的伏羲、中古的周文王、近古的孔子，說伏羲作八卦；西伯（周文王）囚羑里演周易；孔子著《十翼》，研究易換了三位聖人。「三古」指夏、商、周，歷時兩千年。可見資料之豐富。在這樣豐富的資料培養之下，由聖人總結，所以易的成就是無與倫比的。

研究太極拳的易理，不能表面化和神秘化。表面化，就是用易經的言詞對太極拳作浮淺的解釋。神秘化，就是故弄玄虛，從易經中搬出自己也未弄懂的言詞對人說教。兩者都無助於對太極拳的理解。這裏涉及一個方法問

題，要認識到易經不是為瞭解讀太極拳的專門理論，它的價值是普遍性的，因此它對太極拳才有理論的價值，即指導意義。所以，我們不能滿足於解讀太極拳，而是指導太極拳。這要求我們不能使易理服從太極拳，恰好相反，易理獨立於太極拳之外。故曰：「超以象外，得其環中。」

第一節 《易經》的用語

今天研究易理，對《易經》的用語，要瞭解它的本意，透過字面。例如，用得最多的是「吉凶」「剛柔」「大人」「小人」「君子」等。如果以今天的意識形態批判之，必然否定《易經》，就不能認識到《易經》的深層哲理和方法。其實這些正是我們所需要的。

《易經》的用語，多從一分為二和對立的統一這樣的思想出發。易經中最重要的卦是乾坤兩卦，乾為天，坤為地，萬物包含在其中。所以乾坤是兩個對立面，其意義是廣泛的，具代表性的，故曰「乾坤成列」。它可以是吉凶、剛柔、天地、君臣、父子、利與不利、得與失、行與止、分與合、直與曲等等。

在《易經》中，這種對立導出結果，即「易在其中」，變化在二者之中，其結果是人們想知道的，無論是個好結果或是壞結果。預知結果，有隨機性的，也含推理性的。占筮的方法是隨機性的，偶然的，它與結果沒有必然的聯繫，然而，推理部分就與結果相連，這正是我們感興趣的。

《易經》的一切行為，都是與陽爻和陰爻相關的。六十四卦的每一卦，都由六個陽爻或陰爻組合構成，卦辭的解釋，由卦的六個爻的結構和變化決定。

太極拳的技擊行為，都必須歸結為陽爻和陰爻，例如動靜、剛柔、開合、曲伸、虛實、呼吸、進退、左右、沉浮等，都必須給一個爻的位置。即在卦的六爻中的位置，從下向上的位置叫「初、二、三、四、五、上」；陽爻叫「九」，陰爻叫「六」。例如：在三的位置是陽爻，稱做「九三」；在上的位置是陰爻，稱做「上六」等等。

太極拳的一個行為，首先看它是哪一卦，再看上（外）下（內）卦是什麼？六個爻是什麼？相互關係（上下卦、爻與爻）是什麼？變化是什麼？卦辭和爻辭是占筮的結論和預告，從而得出應該怎樣進行下一個行為。

《易經》裏的卦辭是結論性的，結論只有兩個：吉與凶。有沒有轉機呢？那就要深入爻辭，分析爻的性質（陰陽）和位置（主從），這既有隨機，也有推理。

太極拳的行為有隨機，如被動行為，因為在搏擊中，我不能完全掌握對方的行為；也有推理，如主動攻擊行為和因應對方行為而採取的對策。所以說，太極拳行為完全可以納入易理。這正是我們所要研究的主題。

推理，需要瞭解卦的相關關係和術語的語義。

一、剛與柔

剛柔是萬物生成的兩個元素或兩種屬性，用陽爻（--）和陰爻（—）表示。陽為剛，陰為柔。

二、爻　位

　　指卦的六爻每一爻的位置。由下向上數，為初、二、三、四、五、上。「五」是君位；「四」是臣位；「三」是不太近君的高位；「二」在下卦居中，雖位不高，卻與君位呼應；「初」是未入世的低位；「上」表示退隱，無位。

三、得　中

　　卦的六爻，分內（下）卦和外（上）卦。下卦中位的「二」和上卦中位的「五」都處於卦的中間，稱「得中」，位置比「三」和「上」都重要。

四、得正與不正

　　奇數位屬於陽位，即初、三、五是陽位；偶數位屬於陰位，即二、四、上是陰位。這時陽位為陽爻和陰位為陰爻稱做「得正」或「當位」。相反，奇數位屬於陰爻，偶數位屬於陽爻，則稱做「不正」或「不當位」。例如，☳全是正；☴全是不正。

五、相應與不相應

　　內卦與外卦的第一、二、三爻，即初與四、二與

五、三與上爻，陰陽爻相對應（相反）稱做「相應」，陰陽相吸引；若相同，則同性相斥，即「不相應」。例如，☳全相應；☶全不相應。

六、比

指兩個相鄰接的爻，如初與二、二與三、三與四、四與五、五與上相比，也是陰與陽才能相容。

七、乘與承

上下兩爻，上爻對下爻稱做「乘」，即乘坐的意思；下爻對上爻稱做「承」，即繼承的意思。

八、時

指變化過程某一瞬間的現象。

九、吉、無咎、吝、凶、悔

「吉」是吉祥、吉利；「無咎」非吉亦非凶，無災無錯；「吝」不好亦非凶；「凶」是兇惡或兇險；「悔」是悔之已晚，後悔，事已過去。

以上都是打開《易經》的鑰匙。沒有這些，是進不了易學的大門的。

第二節　易經的切入

　　《易經》是占卜的書，俗稱「算卦」或「算命」，進入某一卦，靠的是五十根菁草，用一套複雜的隨機方法抽取，得出六個爻的卦，由此再看「本卦」和「之卦」的卦辭，如果有「變爻」，再看變爻的爻辭。

　　太極拳的技擊行為不是這樣切入的。首先它有個對抗的雙方，雙方的搏擊行為構成卦象，一個外卦和一個內卦，外卦在上，內卦在下。這個卦象對誰有利？對誰不利？要進入爻象的分析。

　　要想改變吉凶（有利與不利）、主客（主動與被動），就要錯卦（用另一卦替換而使內外卦相錯動）或變爻（改變爻的位置），這就是太極拳的招數或勁路的變化。

　　搏擊雙方的切入，是出手和接手，形成一個卦象。接著的技擊行為就進入推理階段，導出正確的技擊行為。

一、重　卦

　　由於有六十四個卦可以切入，而切入又是隨機性的，所以，就可能出現「重卦」的問題，即不同問卜，占筮的結果可能是相同的卦，這叫「重卦」，就是重複地切入。於是，隨著問卜的次數增多，就會出現任何一種問卜都可以進入所有的六十四卦。

　　這就出現一個解釋的問題，同一個卦辭，還要看「之卦」，即與主卦相當的卦，還要看爻辭，會出現相互矛盾的結果。這一切都符合技擊術的規律。太極拳的不同招法可以對付同一個招法。

二、異　卦

　　基於相同的道理，同一種問卜，占筮的結果也可能得到不同的卦，這就是「異卦」。太極拳的同一招法也可以對付不同的招法。

三、變卦與變爻

　　若內外卦或上下卦出現不利的卦辭，變爻也無出路，就出現了改變內外卦或上下卦的情勢，透過變卦以尋求出路，扭轉不利的局面。例如，我進入乾卦，六爻皆為陽剛，犯了雙重，這時可以上下兩卦錯開，解除雙重。
　　若出現不利的卦辭，可以改變不利的爻，以尋求出路。出現有利的卦辭，要分析爻象，有沒有不利，以採取防範措施。這都是變爻。

第三章　上下卦的解釋

　　《易經》的上卦也叫外卦，下卦也叫內卦，上外和下內是一回事。然而，對技擊術來講，上下和內外就大不相同了。上下是對一個人自身講的，而內外則是對對抗的雙方講的。所以，本書把上下卦和內外卦分開解釋。本章解釋上下卦。

　　易經的每一卦，由上卦和下卦構成。上卦和下卦各有三個爻的位置，由陽爻（━）或陰爻（╍）佔據，共有六個爻。三個不同的陽或陰爻可以組成八個卦，分別命名為乾（☰）、坤（☷）、震（☳）、巽（☴）、坎（☵）、離（☲）、艮（☶）、兌（☱）卦。用這八個卦兩兩組合，上下排列，就構成六十四個卦。

　　為了把占卜變為太極拳的理論，我們把卦的上下六個爻的位置作一個規定，即最上邊的爻位（上）為手臂；上卦的第二個爻位（五）為頭；第三個爻位（四）為身；下卦最上邊的爻位（三）為股（胯關節）；下卦的第二個爻位（二）為膝關節；最下邊的爻位（初）為腳。如此，上下卦的結合處就是腰的位置，可見腰雖不占爻位，卻極為關鍵，拳論稱「腰為樞紐」。

　　為什麼這樣安排？我們作一個解釋：

初的位置為腳是很自然的事，用不著作多解釋。二的位置居下卦中位，非常重要，所以是膝。三的位置居下卦上，人身以腰為界，上下分為兩段，下段之上端，當然是胯股。四為上段之下端，故為身。五的位置居上卦中位，在《易經》中為「九五」之位；是君位，所以是首（頭）。君不能直接暴露在外，上卦的上爻要防護，故為手臂。

這樣的設定，符合《易經》對卦的六個爻位的定位涵義。

第一節　乾卦 ䷀

乾卦由上下兩個乾卦組成，六個爻都是陽爻，☰。卦辭：元，亨，利，貞。

乾卦表示「天」，是六十四卦的第一卦。天最大，所以六個爻都是陽。「元」的意思是大與始；「亨」義為亨通；「利」義為祥和；「貞」義為正與固。

這是一個非常陽剛的卦，從卦象看已經到了頂，從卦辭看也非常滿，而這就孕育著危險，所以要求正和固。其反義就是行為不正和不穩固。

我們看爻辭：

初九：潛龍，勿用。

九二：見龍在田，利見大人。

九三：君子終日乾乾，夕惕若，厲無咎。

九四：或躍在淵，無咎。

九五：飛龍在天，利見大人。

上九：亢龍有悔。

用九：見群龍無首，吉。

太極拳解析：

乾卦，顯然是陽剛之極，六爻皆陽，都是實。從卦辭和爻辭看都處在強勢，是進攻姿態。這裏，爻辭「九三」卻警告說：「君子終日乾乾，夕惕若，厲無咎。」意思是太陽剛了，不警惕，就要出問題。

再看爻辭「九四」是躍躍欲試。「三」和「四」的位置恰好夾著腰，一個「終日乾乾（剛剛）」，一個躍在淵，腰是受不了上下夾擊的，於是「上九」告訴我們「亢龍有悔」，意思是物極必反。

孔子在《象傳》中說：「潛龍勿用，陽在下也。見龍在田，德施普也。終日乾乾，反覆道也。或躍在淵，進無咎也。飛龍在天，大人造也。亢龍有悔，盈不可久也。用九，天德不可為首也。」

「用九」，是陽剛的應用，警告乾卦是「群龍無首」，六爻六條龍，說是「吉」，實際是沒有首領，不吉。不吉反而是吉，「天德不可為首也」，不強出首（頭）就沒危險了。

對太極拳來講，一身上下全是陽剛，這叫「雙重」，上壓下，下承上重，苦不堪言，這是必須避免的。孔子說，這種情況「盈不可久也」，不能長時間處於上下皆剛的狀態。練太極拳的人，從乾卦可以得出有益的結論。

第二節　坤卦 ䷁

坤卦由上下兩個坤卦組成，六個爻都是陰爻，䷁。卦辭：「坤，元亨，利牝馬之貞。君子有攸往，先迷後得主，利西南得朋，東北喪朋。安貞，吉。」

坤卦表示「地」，意思是包含、包容。這是一個非常陰柔的卦。如果說乾卦是雙重，那麼坤卦就是雙虛。

在太極拳中，雙重是病，雙虛也是病。坤表示容忍負重，上下都是陰爻，但一味容忍是不成的。

上六的爻辭：「龍戰於野，其血玄黃。」

《象》曰：「龍戰於野，其道窮也。」

上六是六爻最高位，又是陰位，下面五個爻都是陰爻，陰盛達到極點，「其道窮也」。天地相爭，天玄地黃，二龍相鬥於野，所以窮途末路，當然兇險，出路是陰極反陽。太極拳之柔不能無止境，辦法是反柔為剛，止退為進。

第三節　泰卦 ䷊

泰卦是坤上乾下 ䷊。卦辭：「小往大來，吉亨。」

「小」是陰，「大」是陽；「往」是往外、向上，「來」是入內、向下。坤是地上升為上卦，乾是天下降為下卦，這種天地相交是安泰現象，陰陽媾通。

泰卦是坤卦和乾卦相錯動的產物，上虛而下實，代表安定。

　　上虛下實，是中國傳統武術理論的基石。所有的中國武術都講求樁功，都要求沉穩，太極拳更重視沉穩。而西方技擊術則相反，上實而下虛，下肢蹦蹦跳跳，上肢重拳出擊。

<h2 style="text-align:center">第四節　否卦</h2>

　　卦辭：「否之匪人，不利君子貞，大往小來。」

　　《彖傳》的解釋說：「否之匪人，不利君子貞。大往小來，則是天地不交，而萬物不通也；上下不交，而天下無邦也。內陰而外陽，內柔而外剛，內小人而外君子。小人道長，君子道消也。」

　　此卦，上乾下坤，天上地下，從形而上看，應當是吉祥。然而，從卦象推斷，此卦天地相背，是不利的否定卦。「大」指陽，「小」指陰，陽去陰來，陰陽不交，天地相離，萬物不生。以邦國論，上下不交流，無以安邦立國。此卦，內陰外陽，內柔外剛，內小子而外君子，歪門邪道滋生，正道消亡，是一個亂象。

　　從卦形看，否卦上卦三個陽爻，下卦三個陰爻，上實而下虛，不堪重負，大廈將傾，所以拳勢若落入否卦，必定凶多吉少。

　　西方拳擊強調擊拳重量，平時訓練注重上體的肌肉發達，擊拳力量大，而不重視下肢的穩定，臨場蹦蹦跳

跳，上實而下虛，這正合否卦。中國拳術，無論內外家，都不取這種拳勢。

否卦的爻辭也多不吉祥。

中國拳術有腳踢的招勢，拳諺有「起腳半邊空」的說法。起腳也是否卦，必然造成下部空虛不穩，故腿法都有手臂的偽裝活動，迷惑對手，故曰「明拳暗腿」。

第五節　剝卦▤

剝卦是坤下艮上▤。卦辭：「不利有攸往。」《序卦傳》說：「致飾，然後亨則盡矣，故受之以剝；剝者剝也。」

剝意思是剝落，飾是裝飾。只重外表的裝飾，不重視內在的內容，外表的裝飾必然剝落。剝卦下面一連五個陰爻，只有一個陽爻，處在上九的位置，到了盡頭，陰盛陽衰，不利行動。

從太極拳的角度看，外實而內虛，上九的位置是手臂，一切都依靠兩隻胳膊撐著是不成的。太極拳不僅靠胳膊勁，而且講求整體勁，簡稱「整勁」。

這一卦也可以引申出，為什麼中國武術反對華而不實的拳法，即俗稱「花架子」。

第六節　復卦䷗

復卦震下坤上䷗，與剝卦的卦形上下相反。卦辭：
「復，亨。出入無疾，朋來無咎。反覆其道，七日來復，
利有攸往。」《序卦傳》說：「物不可以終盡，剝窮上反
下，故受之以復。」

從卦形來看，剝卦的上九剝落，成為純陰的坤卦䷁，
共六個陰爻，這時一個陽爻在初位出現，故卦辭說「七日
來復」，陰去而陽復，成為復卦。內卦為震，外卦為坤。
震動坤順，一改剝卦的不利局面。「利有攸往」，凶反
吉。

從拳理看，周身從上到下鬆到底，落於足底，靜若
山河，不可動搖。所以，太極拳要求把對方的來力鬆到腳
底下，埋入地中。但事情不是到此終止，震為雷，埋伏於
下，暗藏殺機，由靜而動，陽剛在初位，將逐漸上升。這
就是太極拳「一羽不能加，蠅蟲不能落」和「引進落空」
的道理。

遇到這樣的情況怎麼辦？

《象傳》說：「雷在地中，復；先王以至日關閉，
商旅不行，後不省方。」

雷在地下，陰陽互激才能引發，對付的辦法是不去
誘發。引申到太極拳理，當一觸及對方，若感到什麼也沒
摸到，沒有落實之處，就趕快停下來，否則必觸及雷發，
受到對方的反擊。

第七節　無妄卦

卦辭：「無妄，元、亨、利、貞。其匪正有眚，不利有攸往。」

無妄卦震下乾上☰。從卦爻來看，無妄卦是從訟卦☰的九二與初六交換變過來的。訟卦的九二是陰位而陽爻不正；初六是陽位而陰爻也不正。陽爻從二的位置降到初位，即陽爻陽位而得正；陰爻從初位升至二位，陰爻陰位，也正，故「無妄」。妄是虛偽，無妄則不虛偽。最下的初位由虛變實，自然合理。

上卦是乾卦，剛健；下卦是震卦，是動，行動剛健，且六二的陰位陰爻得位得正，與九五之陽相應，陰陽相濟，吉利。

但是，為什麼又說「不利攸往」呢？即再前進則不利。

我們看看爻辭就清楚了。

初九：「無妄，往吉。」

初九是下卦底，陽剛得正，非常穩健，前進吉。

問題出在六三這爻上，陰爻陽位不正。爻辭說：「無妄之災，或繫之牛，行人得之，邑人之災。」這是說無妄（卦）的災害，像牛被行人牽走了，村裏人卻被懷疑，蒙不白之冤。

從拳理講，這是個什麼情況呢？

六三為虛胯；九四為實身。虛胯承實身，是承擔不

了的。所以就不能動。

再看九五的爻辭是怎麼說的？

九五：無妄之疾，勿藥有喜。

《象》曰：「無妄之藥，勿試。」意思是，不要無病呻吟，不用藥才好。《象傳》說，沒名堂的藥，不要試。

九五為人之頭腦。明抗倭名將俞大猷《劍經》有「彼忙我靜待，知拍任君鬥」。意思是，敵我搏鬥，不管敵人在我面前如何張牙舞爪，我不為所惑，不要跟隨他亂動，而是看準了他的動作節奏，一招斃敵。這就是「無妄之藥，勿試」。

上九的爻辭也很有意思。

上九：「無妄，行有眚，無攸利。」

《象》曰：「無妄之行，窮之災也。」

這個爻辭又告誡，不要逞強，逞強則困。此處「妄」作「望」解。無望之舉，窮途之災也。拳忌盲動。

拳論有「無過不及」，很合乎無妄卦的道理。本卦行動剛健，注意不要過分。

第八節　需卦☵

卦辭：「需有孚，光亨，貞吉。利涉大川。」

需卦下乾上坎☵，乾剛健，坎象徵水，有危險。然而下卦三個陽爻，剛健有力；上卦中位為陽爻，陽位得中，處九五之尊位，所以「利涉大川」，可以涉險，越過大

川。這是吉。

《彖傳》說：「需，須也；險在前也。剛健而不陷，其義不窮困矣。需有孚，光亨，貞吉。位乎天位，以正中也。利涉大川，往有功也。」

從拳論講，下三盤都是陽剛，所以上三盤（手臂、頭、身）不能再剛了。坎屬水，屬柔，再加上「九五」之尊位為陽，得正，所以，所處的狀態是最有利不過了。對方來的剛勁，都被陰柔的手臂化解，而我下盤之陽剛上沖，給彼以致命之打擊。故《彖》曰：「往有功也。」

「六四」是承上啟下的重要位置，為陰為柔，下盤的陽剛可以由鬆柔之身上達，六四與九三之間為腰，剛柔相濟，這在太極拳的發勁過程中非常重要。

第九節　　訟卦☲

卦辭：「訟，有孚，窒。惕中吉。終凶。利見大人，不利涉大川。」

訟卦形象與需卦正相反，互為「綜卦」。需卦等，訟卦爭，所以訟，打官司。

訟卦坎下乾上☲。上卦剛強，下卦陰險，故必爭訟。所以「終凶」，最終是凶，不利進取。

九二在下卦中位為陽，上卦中位九五也是陽爻，互不相應，互相排斥。

《彖傳》說：「訟，上剛下險，險而健訟。訟有孚窒。惕中吉，剛來而得中也。終凶；訟不可成也。利見大

人；尚中正也。不利涉大川；入於淵也。」

「上剛下險」，上卦三個陽爻，極剛強；下卦中位本來是陰位，卻被陽爻佔據，上下相拒，所以兇險。

從拳論看，上剛下虛；胯虛足虛，而膝關節僵硬；上不足以承上面很重的身手負擔，全由膝頂著，膝是重要關節，無法承受，故「入於淵也」。墜入深淵。

第十節　師卦 ䷆

師卦上坤下坎䷆，是訟卦的序卦。訟卦上卦的乾代之以坤，由三個陽爻變為三個陰爻。《序卦傳》說：「訟必有眾起，故受之以師；師者眾也。」師是戰爭，爭訟必然引發戰爭。

卦辭：「師貞，大人，吉無咎。」

訟卦上卦的極陽剛，變為師卦的極陰柔，所以由凶化吉。坤是地，坎為水是險，兵險。師卦是藏兵地下，有恃無恐，故吉。

《彖傳》說：「師眾也，貞正也，能以眾正，可以王矣。剛中而應，行險而順，以此毒天下，而民從之，吉又何咎矣。」

師卦只有「九二」一個陽爻，其餘皆為陰，故可隨心所用。

從拳理講，周身皆虛，只有膝實，故極靈活。我們現在聯繫拳法想一想，是否如此？《易經》早有定論了。

師卦的幾個爻辭，也很有意思：

初六：「師出以律，否藏凶。」

《象》曰：「師出以律，失律凶也。」

從拳術的角度，初六為足，是步法，步法亂則凶，故《象傳》說：「失律凶也。」

九二：「在師中，吉無咎，王三錫命。」

九二是師卦中唯一陽爻，處下卦中位，而上卦中位六五是陰柔，與之相應，所以「吉無咎」，隨心所用，是很靈活的。它可左右全身，即五個陰爻皆虛，虛隨時可以變為實，故為其所使用。

六三：「師或輿屍，凶。」

六三陽位陰爻，不正，所以凶，大將之屍用車運回。

從拳法論，六三的位置是連接腰，空虛不正，上卦的六四也是虛，在腰形成雙虛，這是非常不利的。怎麼辦？必須從靈活處求之，步法（初六）和膝（九二）就重要了。

六三和六四皆陰，陰陰相斥。這是承上啟下的關鍵，非常要害的腰的部位，拳論都非常重視之。故拳論有「腰為樞紐」「主宰」「意命源頭在腰隙」「刻刻留心在腰間」等等警句。

在《易經》中，我們研究卦辭，特別是爻辭，就會發現，三和四的爻位為兩個陽爻或兩個陰爻相連，一般都是凶，不利。這個位置恰好是腰的位置，在技擊對抗中如何處理好就十分重要，望讀者能從卦象中研究，得出自己的結論。

第十一節　隨卦䷐

卦辭：「隨，元亨利貞，無咎。」

隨是隨從、隨和之意思。

隨卦，上兌下震䷐。隨卦是困卦䷮的九二陽爻降到初位，剛（陽）爻下降到柔（陰）爻之下，屈尊隨從的表現。這樣一個變化，解脫了困境。

困卦，九二的陽爻被初六、六三兩個陰爻所困；九四、九五的陽爻被上六的陰爻所掩。這時，九二的陽爻下降到初位，情況就改變了。

隨卦的下卦為震，震是動；上卦兌是悅、隨動而悅，脫離困境。

《象傳》說，「隨，剛來而下柔，動而說，隨。大亨貞，無咎，而天下隨時，隨之時義大矣哉！」

這裏的「說」同「悅」。剛降到柔的下面，是動而悅，所以大亨通、大貞堅，所以不會不順。天下隨時而動，意義就更大。隨不是固定不變的，隨時而動而變，所以是順隨。

太極拳要求周身「無一處不須遂」「通體貫串，絲毫無間」。

「剛來而下柔」。剛爻下降、柔爻上升的結果，下卦中位陰位成了陰爻，得中而正，與上卦中位九五之陽相應，這也是順隨，而不是困卦上下卦中位的兩個陽爻相排斥。

隨卦的卦辭說追隨的原則，而爻辭則講解如何追隨
他人。

初九：「官有渝，貞吉。出門交有功。」

初九是下卦的主體。下卦一陽而二陰，陽為主體，
震是陽卦。震是動，有動才有隨，所以說「出門交有
功」，不能守在家裏。

從太極拳論講，這叫「捨己從人」，其道理在此。

六二：「繫小子，失丈夫。」

這裏「小子」指初位的陽爻；「丈夫」指九五的陽
位陽爻。六二是陰位陰爻，得正，本與九五陽爻相應，然
離九五之陽遠，與初位之陽極近，所以隨從相近的初九，
故曰「繫小子，失丈夫」。

從拳理講，「多誤捨近求遠」，其道理是相同的。

第十二節　　損卦䷨

卦辭：「損，有孚，元吉，無咎，可貞，利有攸
往？曷之用，二簋可用享。」

損卦是由泰卦䷊下卦下減掉一個陽爻、上卦上增加一
個陽爻構成的，即下損上益。

《彖傳》說：「損，損下益上，其道上行。損可
有孚，元吉，無咎，可貞，利有攸往。曷之用？二簋可
用享，二簋應有時。損剛益柔有時，損益盈虛，與時偕
行。」

損下益上，並非好事，捨己為人也要有條件。損卦

是損剛益柔，方向向上，這是改善泰卦的上卦過柔、下卦過剛的狀態。

　　爻辭六三說：「三人行，則損一人；一人行，則得其友。」

　　《象傳》說：「一人行，三則疑也。」

　　這個爻辭的意思是，下卦三爻皆陽，互疑，要損失一個陽爻；上卦皆陰柔，得一陽剛而互補。然而，損有餘而益不足。

　　從拳理看，下肢胯、膝、腳皆剛，就很僵硬不靈活，改善這個狀態，只有去掉一個剛，陽爻去掉一個，另兩個下降，下卦頂由上卦陰爻來補，方法是鬆開胯，如此便大大改善了下肢的靈活性。上身柔極則軟，補上一個陽爻，大大改善了上身的狀態，柔而不軟，方法是雙手臂由柔變剛，這是易經的推理，讀者可以試驗。

　　爻辭六四：「損其疾，使遄有喜，無咎。」

　　上卦六四與下卦初九相應，六四為陰柔，是病，初九剛健。初九爻辭：「已事遄往，無咎，酌損之。」此處指初九的陽，損己而補六四之陰，捨己助人。六四爻辭中「損其疾」，是損初九之陽，去六四之病。病在哪裡？在腰間，上下卦六四和六三皆為陰為虛。遄意為速，「損其疾」，即去除腰間雙虛之病，越快越好。故行拳走勢過招，腰間雙虛只能是過渡，一虛馬上就過為虛實相輔，或實，實也是過渡，過後就要鬆下來。

第十三節　益卦䷩

卦辭：「益，利有攸往，利涉大川。」

《序卦傳》說「損而不已，必益，故受之以益。」

益與損，意義相反，卦形也相反，相反相承。

益卦是否卦䷋的上卦減少一個陽爻，在下卦增加一個陽爻而得，損上益下，有利。

否卦的上卦陽剛過度，下卦虛柔之極。從拳理講，十分不利。把上卦的剛削弱，把下卦的柔增強，顯然大大改善了狀態，使下不空虛，上不僵硬。方法是，手臂掤勁，頭專主一方，鬆身虛胯，鬆膝，腳踏地紮根。

第十四節　蹇卦䷦

卦辭：「蹇，利西南，不利東北；利見大人，貞吉。」

《彖》曰：「蹇，難也，險在前也。見險而能止，知矣哉！蹇利西南，往得中也；不利東北，其道窮也。利見大人，往有功也。當位貞吉，以正邦也。蹇之時用大矣哉！」

蹇就是難的意思，前面有險。看到危險能停止，是知己知彼。

蹇上卦為坎☵，由坤☷變來的，坤為西南，坤的中位

陰爻變陽爻，得中成了九五，所以說「往得中」，即前進得中，是有利的。下卦艮方位為東北，為山，所以說「其道窮也」是不利的。「大人」指九五，陽位得中，前進有功。

蹇卦的卦辭是前進有利。

《象》曰：「山上有水，蹇，君子以反身修德。」

《象傳》解釋說：下卦艮是山，上卦坎是水；「山上有水」，必是險山惡水，難行。如何辦？應該反身檢討自己的德行。意思是說，遇到險山惡水，要全面權衡自己的行為，但是卦的方向還是前進而不是退卻。

我們再分析爻辭。

初六：「往蹇，來譽。」

《象》曰：「往蹇來譽，宜待也。」

往是前進；來是回來，兩者相反。前進險，回來為好，最好是等待時機。

從拳勢講，初六為下卦底，屬腳。腳虛可進可退，等待時機。

六二：「王臣蹇蹇，匪躬之故。」

《象》曰：「王臣蹇蹇，終無尤也。」

六二陰爻陰位得正，在下卦中位，與上卦九五相應；王象徵九五，陽爻陽位，但處於險境；六二是臣位，與九五相應，只有冒險相救，成敗都不會有怨。這是進取精神。

這裏我們注意到，太極拳凡是進退，膝都要鬆開，就是蹇卦的六二，陰爻得中得位，為虛為柔。

九三：「往蹇來反。」

《象》曰：「往蹇來反，內喜之也。」

爻辭說，往蹇，即進難；「來反」和「內喜」，即反回內卦，好。

六四：「往蹇來連。」

《象》曰：「往蹇來連，當位實也。」

六四處上卦底，上卦是險卦，而與下卦頂的九三相連，所以「當位實也」。六四陰爻陰位，又與下卦九三陽爻陽位相連，故「實也」，即安穩也。

從拳論講，六四和九三為鬆身實胯，故沉穩。

九五：「大蹇朋來。」

《象》曰：「大蹇朋來，以中節也。」

大蹇是非常艱難，九五雖然在君位，然而處險卦中央，非常危險，然而有朋友相救，那就是六二，下卦中位的陰爻與之相應。

從拳論看，九五乃「頭頂懸」；六二為鬆膝，相互呼應。

上六：「往蹇來碩，吉；利見大人。」

《象》曰：「往蹇來碩，志在內也。利見大人，以從貴也。」

碩，是碩果的意思，即回來會成功；「志在內也」，意把對外轉向內，把對人轉為對己；「大人」指九五，上六要向九五靠近。

從拳論看，上六的意思是向內成功，顯然為太極拳「八法」之捋是也。

第十五節　家人卦

卦辭：「家人，利女貞。」

《序卦傳》說：「傷於外者，必返其家，故受之以家人。」

家人卦的外卦九五與內卦六二都得正，象徵男主外，女主內；既然說「家人」，當然以女為主。

《彖》曰：「家人，女正位乎內，男正位乎外，男女正，天地之大義也。家人有嚴君焉，父母之謂也。父父、子子、兄兄、弟弟、夫夫、婦婦，而家道正；正家而天下定矣。」

《彖傳》解釋家人卦內部的倫理。此處，男為九五；女為六二。九五為外卦中位，陽爻得正，六二為內卦中位，陰爻得正。強調「家道正」，家正了，天下就定了。

《象》曰：「風自火出，家人；君子以言有物，而行有恆。」

家人卦內卦離是火；外卦巽是風。火燃燒，氣向上，故曰「風自火出」。意思是，事出有因，引出：君子要言之有物，不要空談；行要持之以恆，不要有始無終。這是警句，用於家人。

習拳者切記，不要誇誇其談，要堅持習練，十年磨一劍。

從技擊角度，家人卦是守勢，所謂內不亂而外不侵。

第十六節　同人卦

卦辭：「同人於野，亨。利涉大川，利君子貞。」
卦辭是進和取的。同人是人同人集結在一起的意思；野是廣大的野外天地。所以，利於進取，有和諧的人群，有馳騁的空間。

然而，爻辭卻出現問題。

初九：「同人於門，無咎。」

《象》曰：「出門同人，又誰咎也。」

象辭講得很清楚，出門有同人相伴，沒壞處。

六二：「同人於宗，吝。」

《象》曰：「同人於宗，吝道也。」

意思是，同宗的人，矛盾就出來了。六二陰爻陰位又是下卦中位，然而，卻是同人卦中唯一的陰爻，其餘五個陽爻，故要出麻煩。

九三：「伏戎於莽，升其高陵，三歲不興。」

《象》曰：「伏戎於莽，敵剛也。三歲不興，安行也。」

戎是兵，莽為草叢。九三位下卦頂，陽位陽爻，過於剛強，與上九又同性相斥，而六二又於九五相應，拒絕九三。所以九三所處地位非常尷尬。所以爻辭說，伏兵於草叢，登高觀察形勢，恐怕三年也不能出兵。

九四：「乘其墉，弗克攻，吉。」

《象》曰：「乘其墉，義弗克攻，其吉，則困而反

則也。」

九四陰位陽爻，墉是牆，九三有如一道牆，隔著六二與九四，故九四與六二雖陰陽相親，卻不能接近，無法相應。

九五：「同人，先號咷而後笑，大師克相遇。」

九五爻辭很有意思，說：相聚的人，先哭後笑。因為大師（指九三與九四）相互克制，所以先怕而哭，後來看到沒危險而笑。

上九：「同人於郊，無悔。」

《象》曰：「同人於郊，志未得也。」

爻辭意思，大家聚集在郊外，沒什麼後悔的；《象傳》解釋說，因為不得志之故。

從爻辭看，同人卦雖然進取，但是內部充滿矛盾。

從拳理看，陽剛有些過度，手臂剛，頭懸、身剛、胯股剛強、膝軟、腳實，實為很不利的狀態。從另一個角度看，此勢對腰是十分不利的，腰的上下皆剛，將要折斷了。

我們看來，外家拳的攻勢，有許多都合於此卦。太極拳的個別拳勢，也有屬於同人卦的，主要是一些攻勢拳勢，例如搬攔捶。

第十七節　　屯卦 ䷂

卦辭：「屯，元亨利貞，勿用，有攸往，利建侯。」

《序卦傳》說：「有天地，然後萬物生焉，盈天地之間者，唯萬物；故受之以屯。屯者盈也，屯者物之始生也。」說明屯卦是天地之間萬物始生的卦。

《彖傳》說：「屯，剛柔始交而難生，動乎險中，大亨貞。雷雨之動滿盈，天造草昧，宜建侯而不寧。」

屯卦下卦震☳，是坤卦底的陰爻變為陽爻，陰陽開始相交；上卦坎☵，是險象，說明創始難。震為動，坎為險，所以說「動乎險中」。震象徵雷，坎象徵雨，所以說雷雨交加，大水滿盈。天地初創，有利於建樹，但並不安寧。

由上面的卦辭和彖傳的解釋看，當屬開天闢地萬物初生的情景。所以孔子在《繫辭上》說：「是故，易有大（太）極，是生兩儀，兩儀生四象，四象生八卦，八卦定吉凶，吉凶生大業。」這是太極陰陽學說之始。

《象傳》說：「雲、雷、屯；君子以經綸。」說明，君子（此處理解為聖人學者）以此編織經綸，經綸即學說原理，這裏就是太極陰陽學說。

第十八節　漸卦☴

卦辭：「女歸吉，利貞。」

漸卦的下卦艮，是止的意思；上卦巽，是順的意思，合起來有漸進的意思。

《彖傳》解釋說：「漸之進也，女歸吉也。進得位，往有功也。進以正，可以正邦也。其位，剛得中也。

止而巽，動不窮也。」

　　漸卦是由渙卦☴的九二與六三交換，或由旅卦☲的
九四與六五交換而成。兩者都是不正的剛爻進升一位，得
正。所以說「進得位」和「進以正」，前進「有功」，可
以「正邦」。都說明，前進有利。

　　「剛得中」指上卦中位為剛爻，與下卦中位的六二
相應，也有利。

　　「止而巽」說，下卦艮是止，上卦巽是順，「止而
順」是向外膨脹，故說「動不窮也」。

　　從太極拳來解釋，顯然這是掤勁的表現，勁源源不
斷地向外發出。

第十九節　　艮卦☶

　　卦辭：「艮其背，不獲其身；行其庭，不見其人，
無咎。」

　　《彖》曰：「艮，止也。時止則止，時行則行，動
靜不失其時，其道光明。艮其止，止其所也。上下敵應，
不相與也。是以不獲其身，行其庭不見其人，無咎也。」

　　艮卦是上下卦相同的純卦。艮的意思是止，說「止
其背」。止即靜止、停止，人體背部靜止，那麼全身都
停止活動，故說「不獲其身」；又說「行其庭，不見其
人」，這是物我兩忘的境界。

　　《彖傳》解釋說：艮就是止，當止就止，當行就
行，動靜都不要失掉時機，此時，道路是光明的。這與太

極拳論的「得機得勢」是一致的。

又說：止應該止在該止的地方。艮卦，上下卦都是陽爻對陽爻，陰爻對陰爻，相「敵」不相「與」，互相排斥，所以全身都不能動彈。怎麼辦？答案是，「行其庭不見其人」，物我兩忘，不會有災難。

這裏的「背」，意思是違背，一動一靜，一行一止，是相背的。如何處理？就是進入物我兩忘之境，這就是「神明」之境，太極拳追求的最高境界！

艮卦的爻辭，也很有意思。

初六：「艮其趾，無咎，利永貞。」

《象》曰：「艮其趾，未失正也。」

初六在下卦底，相當腳趾。意思說，停下腳步，沒關係，有利。《象傳》解釋：止步所以沒關係，因為你沒「失正」即沒走斜（邪）路。

太極拳強調「步正襠圓」，理論依據在此。

六二：「艮其腓，不拯其隨，其心不快。」

《象》曰：「不拯其隨，未退聽也。」

這裏腓，指腿肚子。腿肚子在人體構造中不起主要作用，只能隨著身體的其他主導部位而動，如膝關節。腿肚子是沒用的，六二的在人體部位上應該是膝而非腿肚子。六二陰爻陰位，然而柔弱，只能跟隨九三或動或止。

九三：「艮其限，列其夤，厲薰心。」

《象》曰：「艮其限，厲薰心也。」

九三位於艮之上限，九三與六四之間為腰，承上啟下。九三陽位陽爻，剛，故「列其夤」。列者裂也，分開的意思，上下四個陰爻被一個陽爻從中分開，有如腰把人

身分為上下兩段，所以有危機感而心不安。

太極拳論有「命意源頭在腰隙」。

六四：「艮其身，無咎。」

這是說，六四的位置相當於人的上身，沒有問題。上身放鬆，落在胯上，腰就鬆開了，安全。

六五：「艮其輔，言有序，悔亡。」

《象》曰：「艮其輔，以中正也。」

輔是頭的下巴，輔助說話時，有序則不後悔，《象傳》解釋，強調中正。

太極拳論有「喉頭永不拋」，即不揚首露喉，這是太極拳之大忌。《象傳》說，下巴中正就行了。

上九：「敦艮，吉。」

艮卦最上是陽爻蓋頂，所以吉。

上位相當於手臂，是門戶，保護著全身，故吉祥。

以上艮卦的境界是很高尚的。

第二十節　　謙卦

卦辭：「謙亨，君子有終。」

謙卦，坤上艮下。坤為地，艮為山；山本來高在地上，現在山在地下，表現謙虛。這含虛卦，所以有好的結果。

《彖傳》解釋說：「謙亨，天道下濟而光明，地道卑而上行。天道虧盈而益謙，地道變盈而流謙，鬼神害盈而福謙，人道惡盈而好謙。謙尊而光，卑而不可喻，君子

之終也。」

解說謙亨通：天的規律是陽光普照而濟萬物；地氣上升，陰陽媾通。自然法則是滿召損，所以要更謙虛；大地的法則是變滿盈為謙虛；鬼神的法則是襯滿盈而福謙虛；人的法則是討厭滿盈而喜好謙虛。謙虛為人尊敬而光彩，人在卑賤時也不逾越法則。故君子貫徹始終。

從拳理看，這是一種太極拳修煉的境界。

太極拳論有「虛領頂勁，氣沉丹田，不偏不倚，忽隱忽現。左重則左虛，右重則右杳。仰之則彌高，俯之則彌深。進之則愈長，退之則愈促。一羽不能加，蠅蟲不能落。人不知我，我獨知人。英雄所向無敵，蓋皆由此而及也。」就是謙卦的含義。

我們再看爻辭：

初六：「謙謙君子，用涉大川，吉。」

初六本是陽位陰爻，不正。然而，由於陰爻柔順，所以涉大河雖險也吉利，逢凶化吉。

六二：「鳴謙，貞吉。」

六二陰位陰爻，得位得正，謙虛，所以吉祥。

九三：「勞謙君子，有終吉。」

這是謙卦中唯一陽爻，陽爻陽位得正，上下五個陰爻都依靠它，故曰：「勞謙君子，最終吉利。」

六四：「無不利，撝謙。」

《象》曰：「無不利，撝謙；不違則也。」

撝是揮的意思。六四陰爻陰位得正，不違規則，所以不會不利。

六五：「不富，以其鄰，利用侵伐，無不利。」

《象》曰：「利用侵伐，征不服也。」

謙卦只有一個陽爻，故「不富」；由於謙虛，依靠鄰居的幫助，用兵征伐，不會不利。《象傳》說：「征不服也。」是指征服從不服氣的人。這裏征討是防禦性的。

上六：「鳴謙，利用行師，征邑國。」

「邑國」指自己領地內的叛亂。

上六，陰爻陰位，沒有力量。如何征戰？孫子說：「始如處女，敵人開戶；後如脫兔，敵不及拒。」謙者戰略也。

從拳理看，腳下虛利於移動；膝虛則活；胯實支撐上卦的三個虛爻；上卦的手臂、頭、身皆虛，是誘敵的架勢，所以孫子說「始如處女」，等待敵出現破綻，才突然攻擊，故「後如脫兔，敵不及拒」。脫兔安然也，快也。

第二十一節　　井卦䷯

卦辭：「井，改邑不改井，無喪無得，往來井井。汔至，亦未繘井，羸其瓶，凶。」

井卦是一個凶卦。

《象》曰：「巽乎水而上水，井；井養而不窮也。改邑不改井，乃以剛中也。汔至亦未繘井，未有功也。羸其瓶，是以凶也。」

上卦坎是水，下卦巽是入，進入水中「上」水，即汲水，故為井；井養人，汲之不盡。所以村可改變而井不變。此卦，上下卦中位都是剛爻。這象徵井繩沒有伸開，

古時用瓦瓶汲水，水滿了，井繩一抖落、開，水瓶翻覆打破，所以是凶相。

從拳勢看，腳虛，膝胯皆實，只能是單腿獨立。這是用腿腳踢人的動作。拳諺有云：「起腳半邊空。」易為人乘，故兇險。

第二十二節 大過卦

卦辭：「大過，棟橈，利有攸往，亨。」

《彖》曰：「大過，大者過也。棟橈，本來弱也。剛過而中，巽而說行，利有攸往，乃亨。大過之時大矣哉！」

「棟」是屋樑上的脊木，「橈」是彎曲。從卦形看，中間堅實，兩端疏鬆。若比之房屋棟樑，這種中間堅實、兩端軟弱的木材作棟樑，不能承重壓，必然彎曲，有垮塌的危險。從卦象講是陽剛過度，四個剛爻集中在中間。

再從上下卦看，上卦兌是悅，下卦巽是順，剛雖然過了頭，然而九二、九五下和上卦中位都得中。所以說「剛過而中」又「巽而說行」。「說」即悅，「說行」即悅行，利於前進，大過的時機更有利，更大。時機就在大過。

從上面的卦辭和象傳的解釋看，大過卦一方面有風險，另一方面是機會。

這種兩分法的情況，在易經的卦辭和爻辭中是常見

的，用現代的哲學術語叫做「對立的統一」，一切事務都是對立的統一體。

太極拳也是一個對立統一體。太極拳論說：「無過不及。」這是中庸之道。而易經告訴我們「大過之時大哉矣」，可見易經涵蓋的哲學思想遠大於中庸。俗話說「捨不得孩子，套不著狼」，太極拳經典有「引進落空」「捨己從人」，都說明「大過之時大哉矣」！可見其偉大。

再看爻辭：

初六：「藉用白茅，無咎。」

《象》曰：「藉用白茅，柔在下也。」

古時祭祀，地下鋪上白色茅草，所以說「柔在下也」，茅草很柔軟，故「無咎」。

九二：「枯楊生稊，老夫得其女妻，無不利。」

《象》曰：「老夫女妻，度以相與也。」

九二陰位陽爻不正，故說是「老夫」，其上都是陽剛，其下是陰柔，喻為少女，以少女為妻，補九二過度之陽。所以說沒有不利。

九三：「棟橈，凶。」

《象》曰：「棟橈之凶，不可以有輔也。」

棟樑是房屋頂中央的脊木，三、四爻是在卦的中央，九三陽爻陽位，過度剛硬，如棟樑彎曲，房屋有倒塌之險。九三與上六雖然相應，然中間有九四、九五兩個剛爻相隔，所以「不可以有輔」，不可以輔助，故凶相畢露。

九四：「棟隆，吉；有它吝。」

《象》曰：「棟隆之吉，不橈乎下也。」

九四也是陽剛，但是向上彎，所以吉祥。「有它吝」指九四在上卦的位置與下卦初六的陰柔相應，恐受牽連。

九五：「枯楊生華，老婦得士夫，無咎無譽。」

九五在一連串的陽爻的最上方，陽剛的極點，下卦與之相對應的九二也是陽剛，所以只好與上六結合；而上六是卦的終點，已經衰老。故，「士」指九五，「老婦」為上六。老婦得少男，如枯楊樹開花，沒什麼可稱譽的。

上六：「過涉滅頂，凶，無咎。」

《象》曰：「過涉之凶，不可咎也。」

上六已是卦頂，又是陰爻，軟弱無力，過分暴露，有滅頂之災，所以凶。無可奈何！

以上說明，如果太極拳勢有落入此卦者，凶多吉少。

第二十三節　賁卦䷕

卦辭：「賁，亨。小利有攸往。」

《彖》曰：「賁，亨。柔來而文剛，故亨。分剛上而文柔，故小利有攸往。天文也；文明以止，人文也。觀乎天文，以察時變；觀乎人文，以化成天下。」

賁是貝殼的光澤，是文飾的意思。

這一卦是由損卦䷨的六三與九二交換或既濟卦䷾的上六與九五交換而成。兩者都是柔爻下降和剛爻上升，相互文飾。對損卦，這樣的文飾，改變面目，文過飾非，故

曰「亨」。對既濟卦，則因小失大，故卦辭說「小利」，實則得不償失。賁，不過是裝飾，只能掩蓋而不能改變本質。

《彖傳》的解釋，非常有意思，有兩個方面：

一個方面是「柔來而文剛」，即陰柔文飾陽剛，其技擊含義就是「內實精神，外示安逸，見之似好婦，奪之似懼虎」，所謂「棉裏裹鐵」，故曰「亨」。

另一方面是，「分剛上而文柔」，即陽剛文飾柔弱，這是欺騙，僅可得「小利」。這種文飾，在拳勢中屬「花勢」，華而不實，俗稱「花架子」。然而，當敵強我弱時，也可以剛強掩飾柔弱，避實以擊虛。

第二十四節　遯卦☶

卦辭：「遯，亨，小利貞。」

遯是逃、退避的意思。《序卦傳》說：「物不可以久居其所，故受之以遯；遯者退也。」遯卦的六爻，陰從下生長，逼著陽退，所以叫遯。

遯卦，九五處君位，陽爻陽位得正，與下卦六二陰陽相應，本來是亨通。然而從全卦看，下方有兩個小人，所以不得不退避。

《象傳》說：「天下有山，遯；君子以遠小人，不惡而嚴。」

遯卦，上乾為天，下艮為山，山高而天退，所以命名為遯。君子指九五，應遠小人，但不是與小人交惡，而

是嚴於律己。

太極拳的拳勢，若落在遯卦上，應退避。

我們看看爻辭，很有意思。

初六：「遯尾，厲；勿用有攸往。」

《象》曰：「遯尾之厲，不往何災也。」

初六是卦的最下，故叫尾。說遯卦的尾巴危險，意思是，逃遯落在後面有危險。「勿用」就是你不去惹事，就不會有什麼險可言。所以說「不往何災也」。你不主動挑動，會有什麼災？

九三的爻辭很有意思。

九三：「繫遯，有疾厲，畜臣妾吉。」

繫是牽制的意思。九三陽爻陽位，但受下面兩個陰爻牽制，有麻煩。「畜臣妾吉」意思是不爭君位就吉祥，仍然是退避之意。

九四：「好遯君子吉，小人否。」

《象》曰：「君子好遯，小人否也。」

此外，君子可理解為聰明人，小人為愚蠢的人。聰明人不受誘惑，笨人則不成。

俞大猷《劍經》有「彼忙我靜待，知拍任君鬥」之句，就是說，敵人在你面前亂動時，你不要受他的影響，看準確了，一擊斃敵。這也是太極拳的理論，太極拳論有「彼不動我不動，彼微動我先動」，都是後發制人的理念。

遯卦的這幾個爻辭，給太極拳以啟發。

第二十五節 巽卦 ䷸

卦辭:「巽,小亨,利有攸往,利見大人。」

巽為順從的意思。巽卦是一個陰爻伏在兩個陽爻之下,象徵順從。巽為風,無孔不入,所以又是進入的意思。巽卦主爻為陰,不會大亨,故小亨。「利見大人」,意為陰柔順從陽剛。

《彖》曰:「重巽以申命,剛巽乎中正而志行。柔皆順乎剛,是以小亨,利有攸往,利見大人。」

巽卦是兩個巽上下重疊。「申命」是申訴,由於重疊,所以是反覆強調,加重語氣,三令五申。九五剛爻,上卦中位得正,故志行天下。上下卦的柔爻都伏於剛爻之下,所以說「柔皆順乎剛」,但只能有小利。

整個卦辭都是描寫風的性格,柔順的一面,因為二剛挾一柔。這在拳理中是剛中有柔的理念,而更強調「順」,即巽卦的本義,因勢利導,無孔不入。厲害!厲害!

第二十六節 解卦 ䷧

卦辭:「解,利西南,無所往,其來復吉。有攸往,夙吉。」

解卦與蹇卦形象上下相反,是蹇卦 ䷦ 的綜卦。蹇是

跛腳、困難,困難必須解除,所以《序卦傳》說:「物不可以終難,故受之以解。」此卦,內卦坎是險,外卦震是動,要走出困境、險境。

解卦來自升卦☷,升卦的三爻與四爻交換,得解卦,升卦的上卦坤在西南,九三升入西南的坤,成為解卦,所以說「利西南」。「無所往」是解困之後立即復原,穩定下來,所以說「其來復吉」,「來」是原來的意思。「有攸往,夙吉」。意思是解困要當機立斷,行動要快,才好。

解卦的描寫,在太極拳勢中顯然是「下勢」。當敵人攻擊我頭部時,我迅速下勢,使其擊空;然後,我迅速起立復原,觀察敵之動靜。

第二十七節　升卦☷

卦辭:「升,元亨,用見大人,勿恤,南徵吉。」

升是上升的意思。升卦來自解卦☷,解卦的六三上升,與九四交換,成為升卦。上卦坤與下卦巽,含意都是通順。南方為離卦的方位,為火、日,象徵上升,故「南徵吉」。

《彖》曰:「柔以時升,巽而順,剛中而應,是以大亨。用見大人,勿恤;有慶也。南徵吉,志行也。」

《彖傳》的解釋說,解卦的六三柔(陰)爻,得機上升;下卦成了巽,是通順,下卦中為剛爻(陽),與上卦中的六五相應,所以大亨通。可以會見大人物,不須擔

心，有吉慶。前進（上升）吉祥，是有志之行為。

升卦是由解卦變化而來，解卦是解脫困境；升卦的解讀，要緊緊抓住「柔以時升」「巽而順」和「剛中而應」，即柔、順、剛這三項卦序。所以合於升卦的太極拳勢，都是「柔而順」始，「剛而發」結束。所以「用見大人」，即用之對付強大之敵，「勿恤」，不要有憐恤之心。

升卦的六個爻辭都是吉祥的，其中有幾爻有指導性的意義。

初六：「允升，大吉。」

《象》曰：「允升大吉，上合志也。」

《象傳》解釋，初六在最下位，陰爻柔弱，出路是「升」，跟隨上方面兩個陽爻，才吉利。所以說，「上合志也」。

九三：「升虛邑。」

《象》曰：「升虛邑，無所疑也。」

升卦的上卦坤，全部是陰爻，比喻為「虛邑」；「邑」是村落，虛為空虛，「虛邑」是無人的村落。《象傳》解釋，進入一個空無一人的村落，不要懷疑不定。

用於拳論，此擊敵之虛也，「得機得勢」也。

六五：「貞吉，升階。」

《象》曰：「貞吉升階，大得志也。」

六五，陰爻陽位，不得位亦不得正，本不吉利，然處上卦中，與下卦中之九二陰陽相應，所以轉而為吉祥；「升階」即提高了地位，「大得志也」。

從太極拳理講，六五為「頭腦」，司令之中樞，陰

爻乃虛靈也，強調頭腦之敏銳、清醒，為敵司命。

上六：「冥升，利於不息之貞。」

《象》曰：「冥升在上，消不富也。」

這裏《象傳》對上六的爻辭解釋得最清楚。「冥」者陰也，上六陰爻升到頂了；「消不富也」，即沒有多少可消耗的了。

拳至此，不能再勉強出擊了。

第二十八節　萃卦

卦辭：「萃，亨。王假有廟，利見大人，亨，利貞。用大牲吉，利有攸往。」

《彖》曰：「萃，聚也。順以說，剛中而應，故聚也。王假有廟，致孝亨也。利見大人亨，聚以正也。用大牲吉，利有攸往，順天命也。觀其所聚，而天地萬物之情可見矣。」

萃的意思是聚。下卦坤為順，上卦兌為悅，所以《彖傳》說「順以說」，「說」即悅。上卦中位陽爻得位，並與下卦中位六二陰爻相應，所以是相聚。相聚是「順天命」「天地萬物之情」。

《象》曰：「澤上於地，萃，君子以除戎器，戒不虞。」

上卦兌為澤，為水；下卦坤為地。水聚地上為澤，稱做萃。君子（指卜者）應以此卦精神，經常擦拭武器，以備不測。

拳勢落在萃卦上，是一個含虛之勢，提高警惕，以備不測。

第二十九節　臨卦䷒

卦辭：「臨，元，亨，利，貞。至八月有凶。」

《彖》曰：「臨，剛浸而長。說而順，剛中而應，大亨以正，天之道也。至於八月有凶，消不久也。」

臨是居上臨下之意。陽漸漸成長，逼迫陰，所以稱做「臨」。下卦兌是悅，上卦坤是順；九二陽剛居下卦中位，與上卦六五陰陽相應，故臨卦「元、亨、利、貞」占全，是吉祥卦。然而「至八月有凶」，何意？

「八月」是六十四卦中的節氣卦。陽氣開始於十一月的復卦䷗，經歷十二月的臨卦䷒，陽氣漸漸上升，至四月的乾卦䷀，達到極盛時期。然後，到五月的姤卦䷫，陰又開始生成，直到八月的觀卦䷓，與臨卦的六爻上下恰好相反。此時，陰氣上升，大大盛過陽氣，故陰險「有凶」，陽氣就快消退了。

《象》曰：「澤上有地，臨；君子以教思無窮，容保民無疆。」

臨卦上卦坤為地，下卦兌是澤；地在澤上，是居高臨下，所以可保民無限。總觀臨卦，是吉祥卦，但是有隱憂，即「八月」的觀卦。臨卦居高臨下，觀卦由下觀上，相反而陰盛，故主凶。

從太極拳論講，「仰之則彌高，俯之則彌深；進之

則愈長，退之則愈促」，　即臨、觀二卦之消長也。

第三十節　觀卦䷓

卦辭：「觀，盥而不薦，有孚顒若。」

《彖》曰：「大觀在上，順而巽，中正以觀天下。觀，盥而不薦，有孚顒若，下觀而化也。觀天之神道，而四時不忒，聖人以神道設教，而天下服矣。」

觀卦與臨卦形象相反，臨是自上向下看，觀則由下往上看，相互監視。

《彖傳》解釋說：物大在上，才可以看到；觀卦是上巽下坤，是順從和溫馴；中正才可以觀察天下。仰觀，盥洗而不奉祭品，這是尊敬仰慕而忘形，在下面觀看被感化了。觀天之法則，四時不偏，所以偉大的人物用天法自然的道理教人，大家都認同。

這裏「中正」指九五在上卦中，陽爻得位得正，四個陰爻在下，向上觀看，順服。這是觀卦的主導意思。

《太極拳論》：「仰之則彌高，俯之則彌深。」即一「觀」一「臨」也。循此道則得，反之則失。讀者悟之。

第三十一節　既濟卦䷾

卦辭：「既濟，亨，小利貞，初吉終亂。」

既濟，是成功的意思，然而從卦辭和爻辭看，都不吉祥。卦辭說「初吉終亂」。

　　從卦形看，陽爻在初、三、五位；陰爻在二、四、上位；陽爻陽位，陰爻陰位，全部得正。陰陽既濟，完美無缺，為什麼會不吉祥呢？

　　《彖傳》說：「既濟亨，小者亨也。利貞，剛柔正而位當也。初吉，柔得中也。終止則亂，其道窮也。」

　　《彖傳》是解釋易經卦辭的。它說，既濟卦的卦辭含義是：大事既已經成功，再有的成就都是小事，不會有大的作為了。剛柔各爻都得正當位，有利。開始吉祥，因為六二柔爻在下卦得中，陰爻陰位。最終則亂，因為「其道窮也」，即達到完整的頂點，再走就是下坡路了。達到完美的極限，必然保守，趨向衰敗，這是規律。

　　太極拳論的「無過不及」思想，在這裏遇到挑戰。可見，易經並不是中庸之道，用中庸思想解釋易經是不正確的，易經是很進取的，而且是多向的，包含三千年的社會調查總結。

　　《繫辭上》說：「參伍以變，錯綜其數，通其變，遂成天地之文；極其數，遂定天地之象。非天地之至變，其孰能與於此！」

　　這句話的意思是，易經的卦、爻錯綜複雜的變化，包羅天地萬象。中庸之道，僅為一象，怎能涵蓋易經的萬象呢？

　　既濟卦就是個進取卦，既濟卦是最完美的，因而是可求而不可達的，故曰「陰陽既濟」，人們追求的目標而已。「世界大同」，自古以來人們就追求之、描述之，何

時能達到呢？太極拳也為習練者描繪了一個目標，曰「階及神明」。誰能達到「神明」呢？

第三十二節　未濟卦▤

卦辭：「未濟，亨，小狐汔濟，濡其尾，無攸利。」

未濟卦與既濟卦，卦形上下相反，為綜卦，是陰陽完全相反的錯卦。

未濟卦，全部的爻都不正，陰陽爻都不正，不當位。六十四卦，沒有比此卦再差的了。

《序卦傳》說：「物不可窮也，故受之以未濟終焉。」

既濟卦最完美，所以說「其道窮也」；而未濟卦最差，所以說「物不可窮也」，就是說「天無絕人之路」，未完成的事，可以重頭做起。易經到此終止，然而天地萬象永遠演進，無盡無窮。

《彖傳》說：「未濟，亨；柔得中也。小狐汔濟，未出中也。濡其尾，無攸利；不續終也。雖不當位，剛柔應也。」

未濟卦的意義，主要不在它的不順利，而在於它的道路不是末路，而是存在轉機。未濟雖是最後一卦，卻不是完結，而是新的開始。

太極拳的這種情況比比皆是。當被動之極的時候，調整一處虛實，馬上就變被動為主動，「粘連黏隨」的原理即基於此。

總　　結

本章我們選了六十四卦中的三十二個卦，它們是比較典型的，從中可以看出，太極拳的基本原理都包含在易經之中了。而易經比太極拳的出現要早三千年，可見其偉大。

從以上的上下卦分析中，可以看出，每一卦的上下六爻陰陽變化有如下幾種情況，值得注意：

一、上實下虛的卦不利

即陽爻集中上，最陽剛莫過乾卦☰；陰爻集中在下，最陰柔為坤卦☷，表現為上重下輕，本末倒置，是非常不利的。所以，中國拳法反對練得上體發達、下肢軟弱的西方讚賞的倒三角形結構，即小頭、寬肩、粗胳膊、厚胸肌、細腰、瘦臀、窄胯、細腿人體。

太極拳不提倡使用胳膊勁。

二、陽剛蓋頂的卦不利

在六爻最上邊的位置是陽爻，陽剛在頂上蓋著，最典型是剝卦☶。這在拳論中，兩隻胳膊硬在前面架著，而周身空虛，必敗無疑。

三、陰柔落底不利

所謂陰柔落底，就是初位是陰爻，腳下無根，最典型的是否卦，腳、膝、胯皆虛，卻承擔上面的三個剛爻，必敗！

腳底虛，必游走才成，故二的位置必須是陽爻，膝要有力。所以許宣平《十六關要論》中說「縱之於膝」，游走縱跳，關鍵在膝，屈伸有力。

四、陽剛過盛不利

陽剛過盛的典型是姤卦☴，巽下乾上。巽是風，乾是天，天刮狂風是亂相。姤卦的卦辭是「姤，女壯，勿用取女」。姤與遘同，相遇的意思，一陰與五陽相遇，必亂。姤卦的卦辭和爻辭沒有好的，不是圍堵就是防範。一陰承五陽，是凶相。

從拳論講，自腿以上全身皆剛，唯獨腳下是柔，大廈將傾是不用懷疑的。我們常看到某些習練太極拳的，雙手臂較勁，身體強硬，脖頸僵直，兩腿緊繃，而腳底發飄，就是此病。

五、雙剛不利

雙剛的典型是乾卦☰，上下卦的六爻全部是陽剛，剛之極則折。

這種雙剛的情況，在下卦頂九三和上卦末九四兩個剛爻相鄰的卦還很多，相互排斥。從拳理講，三和四之間是腰，上下皆剛硬，腰則折，要損傷，必須避免腰的上下皆剛。

六、雙虛不利

　　雙虛的典型是坤卦☷，六爻全陰，柔之極則軟，手無縛雞之力，書生也。

　　這種雙虛情況，出現在上卦底和下卦頂，多不利。這種卦也相當多，兩個陰爻相鄰也相互排斥。

　　從拳理看，陰為柔、為虛；陽為剛、為實。腰的上下皆柔、皆虛，腰必然軟，當攻擊敵人時，腰必然軟弱無力，下力不能上達。

七、上虛下實有利

　　有幾種上虛下實，一種上下卦，全卦上虛下實，這是泰卦☷，拳為樁功；一種是五爻皆虛，獨最下一爻為實，這是復卦☷，拳論曰：「引進落空。」一種是上卦底的四位為陰爻，下卦頂的三位為陽爻，即六四和九三，有利，拳論為身鬆而股（腿）實，腰處於陰陽相濟，靈活有力。

八、陰陽既濟有利

陰陽既濟，既濟卦☵最好。太極拳論曰：「陰不離陽，陽不離陰，陰陽相濟，方為懂勁。」方法是腳實、膝鬆、胯股（腿）實、身鬆、頭頂懸、沉肩垂肘。

九、陰陽未濟不利

陰陽未濟，主要表現是上卦底的四位為陽爻，下卦頂的三位為陰爻，即九四和六三都不正，不當位。從拳理看，股（腿）軟而身強（僵），支撐不了，處於劣勢。

陰陽未濟，以未濟卦☲最差。與既濟卦相比，一個爻位之差，謬之千里。從拳理講，此卦表現為腳虛、膝實、胯股軟、身僵、頭空虛、寒肩（肩膀向上聳）、架肘（肘向上架起）、手硬，敗勢已定。《太極拳論》曰：「差之毫釐，謬之千里，學者不可不詳辨焉！」

第四章　太極拳的卦形解

　　吳圖南傳太極拳有三十七個定勢，稱「三世七」，為民初宋書銘傳授。每個定勢有其代表性的姿勢，其間有一些連接動作。我們把這些定勢和主要的連接動作，從易經的卦形剖析如下：

　　為了便於說明拳架姿勢和動作，規定方位如下圖：

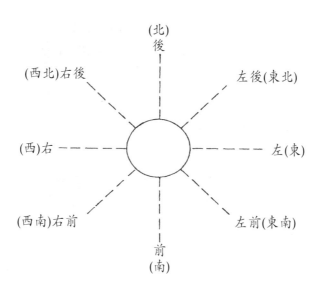

方位圖

太極勢（泰卦 ䷊）

身體直立，左腳向左橫開一步，兩腳平行，與肩同寬，頭懸，鬆肩；兩臂自然下垂於體側，鬆腕舒指，手掌輕輕抬平，掌心向下，指尖朝前；周身放鬆，呼吸自然，神舒體靜，目平視。（圖4－1）

圖4－1

此勢，頭虛靈、手臂鬆垂、身鬆、胯實、膝實、腳實，卦形為䷊，合泰卦。

泰卦，坤上乾下，乾是天，下降到下卦；坤是地，上升到上卦，天地相交；地重下降，而天輕上升，陰陽交會，萬物亨通，故安泰，吉。

《彖》曰「泰，小往大來，吉亨。則是天地交，而萬物通也；上下交，而其志同也。內陽而外陰，內健而外

順，內君子而外小人，君子道長，小人道消也。」

　　著名太極拳家吳圖南先生所著《國術概論》一書中說：「人之生機，全恃神氣。上浮，無異於天。神凝內斂，無異於地。神氣相交，亦宛然一太極也。」又說：「陰陽相交，清濁相媾，氤氳化生，始育萬物。」

　　可見，太極拳各勢，皆由太極勢生（詳見第三章第三節）。

一、攬雀尾（四正）

　　1. 兩手鬆開下垂；屈膝下蹲，重心向左移，右腳尖向外撇45°，重心再移於右腳，左腳尖虛點地；同時，兩臂向兩側平舉與肩平，掌心向前，指尖向兩側。（圖4－2）

圖4－2

2. 左腳向右腳併攏，腳尖虛點地；同時，兩手合抱於胸前，左手在外，掌心向裏，右手在內，掌心向外，立掌撫於左腕處。（圖4-3）

3. 左腳向前出一步，腳跟著地，腳尖翹起，上身姿勢不變。（圖4-4）

圖4-3　　　　　圖4-4

4. 左腳向裏扣45°，踏實，身向右轉，重心移於左腳，左腿屈膝下坐，右腳向右上一步，腳跟著地，腳尖翹起；同時，右手循弧線自下而上，向右方提起，立掌，掌心向前方，指尖向上，止於面前，大拇指與鼻齊；左手亦循弧線由上而下，立掌，置於右掌與胸之間，掌心向後方，指尖朝上，大拇指與喉齊，雙肘下垂；意在指尖，面向右方，目平視。（圖4-5）

5. 右掌向外翻，掌心朝上，左掌向裏翻，掌心向下，撫於右腕，然後，雙手向內捋。（圖4-6、圖4-7）

6. 右腳落地，腳尖向右方，弓右膝成右弓步；同時，雙手向右方伸出。（圖4－8）

圖4－5

圖4－6

圖4－7

圖4－8

7. 身向後（左方）移，左腿屈膝下坐，右腳腳尖翹起；同時，右手自右向後平旋半周至右肩前，立掌，掌心向右方，左手隨之，手指撫於右腕下。（圖4-9）

8. 右腳腳尖落地，弓右膝成右弓步；同時，右手直腕，掌心向下，向右伸出，立掌，掌心向右方，臂與肩平，左手隨之，掌心朝上，手指抵右腕；意在右手指尖，面向右方，目平視。（圖4-10）

圖4-9　　　　　　　　　圖4-10

掤勢（漸卦）

圖4-5為掤勢，兩臂外掤為實，腳由實轉虛，胯由虛變實，其餘未變，卦形為☴☶，為漸卦。

《彖傳》說：「漸之進也，女歸吉也。進得位，往有功也。進以正，可以正邦也。其位，剛得中也。止而

巽，動不窮也。」

　　我們注意到，「漸之進也」「進得位」「進以正」「剛得中」「止而巽」「動不窮也」。意思是：漸就是進；進得位指九三和九五，都是陽爻陽位，得位得正；九五又是剛得中；漸卦是艮下巽上，艮是止，巽是順，有漸進的意思，所以不停地運動。

　　這正是，太極拳的掤勁，由內向外，源源不斷。詳見第三章第十八節。

捋勢（蹇卦 ）

　　圖4－6、圖4－7為捋勢。手臂向回收為虛，借力打力，其餘未變，卦形為䷦，為蹇卦。

　　《彖》曰：「蹇，難也，險在前也。見險而能止，知矣哉！蹇利西南，往得中也；不利東北，其道窮也。利見大人，往有功也。當位貞吉，以正邦也。蹇之時用大矣哉！」

　　蹇卦艮下坎上。艮為東北，為山難行，故曰「不利東北」；坎卦由坤卦變來的，坤為西南，為地利於行走，故曰「利西南」。此卦，利上，不利下；利前不利後，故曰「往有功也」。「大人」指九五，陽爻得正和位。

　　從這裏得出結論，捋勢，手臂向後捋，身往前移，有利。反之，兩隻手抓住對方之臂，向後（懷內）拽，不利。這是以柔克剛的方法。詳見第三章第十四節。

擠勢（家人卦☲☴）

圖4-8為擠勢。弓步，腳轉為實，手臂向前擠出為實，卦形為☲☴，為家人卦。從下向上四個爻陰上陽下，陰陽既濟。上虛下實，非常穩固，為擠奠定基礎。

此外，內（下）卦六二陰爻得中，外（上）卦九五陽爻得中，象徵男主外、女主內，故曰「家人」。上九爻辭：「有孚威如，終吉。」上九剛爻，還是治理家內部的。所以，擠勢是防守型的招式，可以說是「以攻為守」。詳見第三章第十五節。

按勢（既濟卦☵☲）

圖4-10為按勢。按勢之勁要吐（發）出去，所以勢發之後手臂由實變虛，卦形為☵☲，為既濟卦，六爻陰陽既濟。詳見第三章第三十一節。

二、單鞭（隨卦☱☳）

右手向下鉤，先扣小指，依次扣無名指、中指，最後拇指與食指一捏，稱之為「鳳凰眼」；左手向裏翻，立掌，掌心向外，自右而前而左平抹半圓，凸掌心，舒指，指尖朝上，兩臂展平，右臂稍高；同時，左腳稍向後方移動，使兩腳在一直線上，身體向左轉向前方，下蹲成馬步；頭隨左手移動而轉向左方，面向左方，目顧視左手，

意在左掌。（圖4-11）

單鞭、頭懸、身正、手臂拉開（開為陰為虛）、鬆胯、鬆膝、實腳，卦形為☷，為隨卦。單鞭，使用時捨己從人，隨敵一轉身，發勁按之。隨卦，在第三章第十一節有詳細解釋。

圖4-11

三、提手上勢（屯卦☳）

1. 兩手伸平，掌心向下；身體向右移，重心落於右腳；頭轉向前方，目平視。（圖4-12）

2. 左腳向右腳併攏，落於右腳側，屈膝，踏實，重心落於左腳，右腳提起，腳尖下垂點地；同時，雙手合抱於胸前，右手在外，橫掌，掌心向內，指尖向左，左手在內，立掌，掌心向外，指尖朝上，手指撫於右腕裏側；面

向前方，目平視。（圖4－13）

3. 右腳向前出一步，腳跟著地，腳尖落地踏實，弓右膝成右弓步，上身姿勢不變；雙手略向前推，身向前移。（圖4－14）

圖4－12

圖4－13

圖4－14

4. 左腳向前跟上一步，與右腳齊，兩腳平行，與肩同寬，身體起立；同時，右手向裏翻，掌心向下，左手向外翻，掌心朝上，右手在上，左手在下，抱於腹前；正身直立，面向前方，目平視。（圖4－15）

圖4－15

　　提手上勢，從圖4－13至圖4－15，改換三個姿勢：

　　圖4－13的姿勢為虛步、鬆膝（虛）、實胯、頭懸（實）、手外掤（實）、鬆身（虛），卦形為☳，為漸卦。與攬雀尾之掤相同。

　　圖4－14為實步，手橫臂外擠（實），其餘如前，卦形為☲，為家人卦。

　　圖4－15手臂鬆柔、頭懸、身鬆、膝胯鬆、腳實，卦形為☵，是屯卦。提手上勢從卦形變化看，是防守招式。詳見第三章第十七節。

四、白鶴亮翅（益卦☲）

1. 右手向裏翻，橫掌上舉於頭頂，掌心向前方，手指向左方，左手向下按，置於左胯側，掌心向下，手指朝前。（圖4－16）

2. 身體向左向後轉，姿勢不變；面向左方，目平視。（圖4－17）

圖4－16　　　　　　　圖4－17

3. 身體向後彎曲，姿勢不變；目注左手背。（圖4－18）

4. 左手指尖自後而上舉起，與右手指相對，兩掌心向左方；身體隨之立起；面向左方，目平視。（圖4－19）。

5. 身體自左方轉回前方，姿勢不變；面向前方，目

平視，意在兩掌。（圖4－20）

　　白鶴亮翅完成的定勢如圖4－20。雙手上舉、橫手、掌心外撐、為實；其餘與圖4－15相同，卦形為☲，為益卦。詳見第三章第十三節。

圖4－18

圖4－19

圖4－20

理論之源——《易經》通俗解

五、摟膝拗步（既濟卦䷾）

1. 身體下蹲，重心移向左腳，右腳向裏扣45°，重心再移於右腳，身體轉向左方，左腳向後方微挪，腳尖點地成左虛步；同時，兩肘下垂，兩手立掌，手心相對，右手先循胸口向下，從背後右側向上繞一圈提至右耳側，掌心向內，指尖向左方，左手隨右手之後，自鼻端而下，經胸口，橫掌下按，置於左膝內側，手指向前方；面向左方，目平視，意在右指尖。（圖4-21）

2. 左腳提起，腳跟著地，全腳落地，踏實，弓左膝成左弓步；同時，左手平掌摟膝，置於左膝外側，掌心向下，指尖朝左方，右手向左方伸出，由側掌而平掌而立掌，掌心向左方，指尖朝上，臂與肩平；意在右手掌心，面向左方，目平視。（圖4-22）

圖4-21

圖4-22

摟膝拗步由圖4－21、圖4－22兩個動作組成。圖4－21頭懸（實）、沉肩垂肘鬆臂（虛）、鬆身（虛）、實胯、鬆膝（虛）、虛步，卦形為☶，為蹇卦，是前進卦，明知前有險，卻往險處行。這是個蓄勢待發的勢子，太極拳論曰：「蓄勁如開弓。」蹇卦的解釋見第三章第十四節。

圖4－22是摟膝拗步的定勢。伸臂吐勁（吐勁後鬆開，故為虛）、頭懸、鬆身、實胯、鬆膝、實步，卦形為☲，為既濟卦，陰陽既濟。摟膝拗步是太極拳最佳境界。詳見第三章第三十一節。

六、手揮琵琶（剝卦☶）

1. 右腳跟步，並於左腳側，屈膝下坐，右腳外撇45°；左腳出一步，腳跟著地，腳尖翹起；同時，左手循弧線側立掌上提至面前，掌心向前方，指尖朝上，大拇指與鼻齊，右手回撤，循弧線側立掌下落，止於左掌與胸之間，掌心向後，指尖朝上，大拇指與喉齊，雙肘下垂；面向左方，目平視。（圖4－23）。

2. 雙手立掌合於右肩前，左手掌心向右方，右手掌心向左方，手指抵左腕。（圖4－24）

3. 右腳向左方上一步，與左腳併攏，身體隨之立起，兩腳並齊；同時，左手上舉至頭頂稍向前，手向裏翻，掌心向左方，手指併攏朝上，右手隨之向外翻，掌心向右方，手指併攏，撫於左腕下；意在左指尖，面向左方，目平視。（圖4－25）

圖4－23　　　　　　　　　圖4－24

圖4－25

　　手揮琵琶的定勢如圖4－25所示。手臂上舉為實，周身皆虛，卦形為☶☷，為剝卦。

　　《象》曰：山附於地，剝，上以厚下，安宅。

　　《象傳》是把上下卦作為兩個整體來解釋卦辭的。剝卦下卦為坤，是地；上卦為艮，是山。山在地上，不斷剝落，山上的土加厚了地。

　　手揮琵琶，手臂上舉如山，全身都鬆垂向下如落土，典型的剝卦形象，是個鬆身卦。有如手臂拴在樹上，周身垂下來，全身關節都拉開了，如牽引狀。此勢，健身效果極佳。詳見第三章第五節。

七、進步搬攔捶（同人卦☰）

　　1. 右腳外撇45°，屈膝下蹲，左腳立起，腳尖點地，成左丁虛步；同時，雙手下捋，合於右肩前，左手立掌，掌心向右方，指尖朝上，右手平掌，掌心朝上，手指向左方，托于左腕下。（圖4－26）

圖4－26

2. 左腳向左方上一步弓膝成左弓步；同時，左手立掌，掌心向外，由前而左循半圓路線抹（搬）出，臂伸直與肩平，立掌，掌心向左方，右手隨之，手指撫於左腕下；面向左方，目平視，意在左掌心。（圖4－27）

3. 身體向後（右方）坐，右腿屈膝下坐，左腳撤半步，腳尖點地成左虛步；同時，右手握拳拉回置於腰側，拳眼朝上，左手立掌向裏攔，掌心向前方，指尖朝上，大拇指齊喉。（圖4－28）

圖4－27　　　　　　　圖4－28

4. 左腳向前（左方）上半步，弓膝成左弓步；同時，右拳向左方伸出，臂與肩平，左手側立掌，撫於右臂內側肘關節處；意在右拳。面向左方，目平視。（圖4－29）

進步搬攔捶，由圖4－26至圖4－29四個動作組成。

圖4－26頭懸、沉肩垂肘鬆臂、鬆身、實胯、鬆膝、

虛步，卦形為☳，為蹇卦，為前進卦。詳見第三章第十四節。

　　圖4－27頭懸、手實、身鬆、胯實、鬆膝、實步，卦形為☲，為家人卦。屬於守勢。詳見第三章第十五節。

　　圖4－28與圖4－26卦形相同，為蹇卦，屬前進卦。

　　圖4－29拳向前打為實，頭懸為實，身前傾為實，胯實，鬆膝為虛，實步，卦形為☲，為同人卦。同人卦是進取的，從卦的六爻結構看，陽剛過渡，是一步險招。為攻勢，但沒有給自己留有餘地，一旦落空，後果難料。所以，非得機得勢，比若對方出手落空，我以迅雷不及掩耳之勢，用進步搬攔捶擊之。不可以此勢主動出擊。若主動出手，出拳虛擊，此時上九為上六取代，成為革卦☲，上卦兌為澤，是水，下卦離是火，水火不相容，要變革。所以說，必須變化。詳見第三章第十六節。

圖4－29

八、如封似閉（家人卦☲☴）

1. 左手自右腋下伸出，立掌，掌心向前方，循右臂外側向右方刮出。（圖4－30）

2. 身體向後（右方）坐，右腿屈膝下坐；左腳腳尖翹起，腳跟著地；同時，右拳變掌，左右手掌心向裏交叉於胸前，垂肘，左右分開，向胸前回撤，雙手立掌，前後對齊，掌心向內，置於兩肩前，手指向上，面向左方，目平視。（圖4－31）

圖4－30

圖4－31

3. 左腳腳尖落地，弓膝成左弓步；同時，雙手向裏翻，直腕平掌，掌心向下，向前（左方）伸臂，立掌，掌心向左方，指尖朝上，臂與肩平，兩手相距與肩同寬；意先在指尖，後在掌心（凸掌舒指），目光從兩手間透出，

向左方平視。（圖4－32）

如卦似閉，由圖4－30至圖4－32三個動作組成。

圖4－31是封的姿勢。從卦形看，手封為實，頭懸為實，鬆身為虛，實胯，鬆膝，坐步為虛，卦形為☳，是漸卦，是一個蓄卦、前進卦，蓄勢待發。詳見第三章第十八節。

圖4－32是閉的姿勢，拒敵於門外。手向外推是實，弓步前進亦實，其餘同前勢，卦形變為☲，是家人卦。是以攻為守的招勢。詳見第三章第十五節。

圖4－32

九、十字手（復卦☷）

1. 身體向前傾；雙手下採至左膝前，掌心向下，指尖朝左方；意在雙掌，目光向前（左方）下方。（圖4－

33）

2. 右腳向後方微移，使兩腳在一直線上，身體轉向前方，雙腿下蹲成馬步；兩臂反手外撐，雙手指尖相對，平掌下按置於襠前；面向前方，目平視。（圖4-34）

3. 雙手水平向左右展開。（圖4-35）

4. 重心移於右腳，起立，左腳向右並步，兩腳平行，與肩同寬；雙手向兩側上提展開，兩臂與肩平，立掌，掌心向左右兩側外撐。（圖4-36）

5. 雙手上舉，交叉於頭頂，右手在前，左手在後。（圖4-37）

6. 雙手下落交叉於面前；面向前方，目平視。（圖4-38）

十字手，由圖4-37及圖4-38兩個動作組成。其餘是過渡動作。

圖4-33

圖4-34

圖4－35

圖4－36

圖4－37

圖4－38

　　圖4－37是雙手向上舉的拉伸動作，手有如用繩子縛綁，吊在樹上，所以是實，周身下垂，皆虛。卦形為☴，是剝卦。與手揮琵琶是同一類型，牽引周身，是非常好的健身動作。

圖4-38，雙手向下十字交叉，鬆下來，為虛；兩腳落實。卦形反過來，成為☳☷，是復卦。這是鬆開周身關節，把對方來力引入地心的方法，故太極拳論說：「地心為第三主宰。」詳見第三章第六節。

十、抱虎歸山（既濟卦☵☲）

1. 下蹲，重心移於右腳，轉向左前方，左腳向左前方出半步，腳尖點地成左虛步；同時，右手循胸而下，經右胯由背後而上，劃一圓圈置於右耳側，掌心向內，指尖向左前方，左手隨著亦循胸下按，橫掌置於左膝裏側，掌心向下，手指朝右前方；意在右手指尖，面向左前方，目平視。（圖4-39）

2. 左腳伸出，腳跟著地，踏實，弓膝成左弓步，上身姿勢不變，身體前移。（圖4-40）

3. 重心稍向後（右後方）移，左腳向裏扣135°，身體轉向右後方，左腿屈膝下坐，右腳撤半步，腳尖點地成右虛步；同時，右手下按，橫置於右膝裏側，左手由背後劃一圓圈置於左耳側，掌心向內，指尖向前（右後方）；意在左手指尖，面向右後方，目平視。（圖4-41）

4. 右腳向右後方上半步，弓膝成右弓步；同時，右手摟膝平置於右膝外側，掌心向下，手指向右後方；左手向右後方伸出，由側立掌而平掌而立掌，掌心向右後方，指尖朝上，臂與肩平；意先在左手指尖，後在左掌心（凸掌舒指），面向右後方，目平視。（圖4-42）

抱虎歸山，是從圖4-39至圖4-42四個動作組成，包

含一個轉身動作。這個轉身非常關鍵，它造成敵人落空，我方打擊他的方向是順其落空方向，所以，我之打擊迅雷不及掩耳，將彼擊倒，喪失抵抗能力。

圖4－39

圖4－40

圖4－41

圖4－42

圖4-40，除了腳實，周身皆虛，引進落空，卦形為☷☳，是復卦。復者伏也，暗藏殺機。

圖4-41，頭頂而胯實，餘皆虛，卦形為☶☵，為蹇卦，為蓄勁卦。

圖4-42，由前勢手向前推出，腳落地也變實，其餘不變，卦形為☵☲，是即濟卦。這是個攻勢卦，所謂「動若江河」。

十一、肘底看捶（蹇卦☶☵）

1. 斜單鞭過渡

①身體向後（左前方）坐，左腿屈膝下坐，右腳腳尖翹起，腳跟著地；同時，右手側立掌，循弧線上提至面前，掌心向右前方，手指朝上，拇指與鼻齊，左手撤回，循弧線置於右手與胸之間，側立掌，掌心向左後方，手指朝上，大拇指與喉齊。（圖4-43）

②右腿弓步，身體向前（右後方）移；同時，右手伸向右後方，向下鈎手，左手掌心朝上，手指抵右腕。（圖4-44）

③左腳稍向左後方移，身體向左轉，下蹲成馬步；同時，左手立掌，掌心向外平抹一半圓，兩臂展開；面向右手鈎，目注右手鈎。（圖4-45）

2. 左腳向左後方稍挪，腳跟先著地，腳尖落地踏實，身體左轉向左方，弓左膝成左弓步；同時，左手橫掌，掌心朝外，隨轉身而向左平抹，右臂隨身轉向前方，

右手鉤不變。（圖4－46）

圖4－43

圖4－44

圖4－45

圖4－46

　　3.右腳跟一步，落於左腳側，右腿屈膝下坐，左腳
向左方伸出，腳跟著地，腳尖翹起；同時，左手繼續抹向

後方,循弧線抹至腰處,手掌向外翻,掌心朝上,指尖向左方,右鉤手繼續轉至左方,鬆鉤為掌;左手向前(左方)伸,向裏翻,立掌,掌心向左方,指尖朝上,同時,右手握拳沿左臂下側向回拉,置於左肘下,拳眼朝上;面向左方,目平視,意在右拳。(圖4-47)

圖4-47

肘底看捶的定勢如圖4-47。頭懸、身鬆、手臂鬆、胯實、膝鬆、虛步。卦形為☷☶,是蹇卦,蓄勢卦。肘底拳,蓄勢待發。

十二、斜飛勢(損卦☶☱)

1. 右摟膝拗步過渡。身體後坐,復弓右膝;同時,左掌向左平抹半圓,置於左胸側,掌心向下,指尖朝前

（左方），然後，右手平掌上提至右胸前，向左方伸出，臂與肩平，掌心向下，指尖向左方。（圖4－48）

2. 左腳向左方跨一大步，弓膝成左弓步；左手循右臂之下向左上方穿出；身體右轉向前方，身體左斜，成左側弓步；同時，左手向外翻，掌心朝上，向左上方伸出，右手向右下方抹，止於右胯前上方，掌心向下，指尖朝左前方；意在左臂外側，面向前方，目注右前下方，顧視右手。（圖4－49）

圖4－48

圖4－49

斜飛勢的定勢如圖4－49。手臂拉成一字，為剛；頭虛而身斜，斜為虛；側仆步，鬆胯（虛），膝實，腳實，卦形為☶，是損卦。從拳理看，這是「捨己從人」的招勢；從卦象看，所謂「一招失，滿招損」，是一個險招。詳細的解釋，請參讀第三章第十二節損卦。

十三、海底針（艮卦 ☶）

1. 左摟膝拗步過渡。俯身，右手下捋至襠下。（圖4－50）

2. 身體向後（右方）坐，右腿屈膝下坐，左腳撤半步，腳尖立地，成左虛步；雙手上提，右手垂指提於右耳側，左手隨之，手指撫右腕裏側；身體亦隨之向右（前方）微轉；面向左方，目平視。（圖4－51）

3. 雙手姿勢不變，伸向左方。（圖4－52）

4. 下蹲；左手不動，右手垂掌下插；意在右指尖，目注左下方。（圖4－53）

圖4－53之海底針，手臂實、頭虛、弓背身虛、實胯、鬆膝、丁虛步，卦形為☶，是艮卦，是個物我兩忘的境界。進可攻，退可守。詳見第三章第十九節。

圖4－50

圖4－51

圖4-52　　　　　　　圖4-53

十四、扇通背（無妄卦）

1. 左腳向左方上半步，弓膝成左弓步；右手垂指伸臂上提，手與肩平，左手側立掌撫於右臂裏側；身體隨之挺起；面向左方，目平視。（圖4-54）

圖4-54

　　2. 身體右轉至前方，下蹲成馬步；同時，右手向裏翻，掌心向前，橫掌向右拉至頭頂，左手隨之撫於右前臂內側，掌心向前；雙手向左右拉開，左掌伸臂向左撐，右掌向右拉，舉於頭頂，兩手指尖相對，掌心外撐；面向左偏前方，目注左手方向。（圖4－55）

圖4－55

　　圖4－55是扇通背的定勢，手臂剛、頭頂（實）、身正向上撐為實、開胯（虛）、鬆膝（虛）、實腳、卦形為 ☶，是無妄卦。

　　從拳理看，上身陽剛過度，鬆胯、膝可使下部負擔落於腳下，使胯、膝負擔減輕。然而，這種狀況不能持久，上身必須放鬆下來，即把勁發出去，卸掉。故扇通背是一個短促剛發的招勢。

　　勁發出去了，就成了復卦 ☷，由動複靜，恢復原始了。以靜待動。詳見第三章第七節。

十五、撇身捶（謙卦☶☵）

1. 挺身；雙掌向上撐，過頂，右手握拳，向右方下砸，左手屈臂上舉於頭頂，掌心朝前方；身體隨之向右傾，右膝側弓成右側弓步；面向右方，目注右拳。（圖4－56）

2. 身體左移，稍向左轉，左膝側弓成左側弓步；雙手握拳抱於胸前；面向左前方，目平視。（圖4－57）

圖4－56

圖4－57

3. 上身姿勢不變，身體右轉，偷腰（鬆腰塌胯）。面向右方，目視右下方。（圖4－58）

4. 右腳向後方稍移，身體右轉向右方，弓右膝成右弓步；同時，右拳由裏向右方撇出（右前臂以右肘為軸，順時針向上、向右揮出，右拳拳心朝上，拳眼向後），右

臂略與肩平，左手側立掌置於胸前；面向右方，目平視。
（圖4－59）

5. 左手側立掌向右推出，掌心向後方，指尖朝上，臂與肩平，右拳向後（左方）撤至右腰眼處，右肘下垂，拳與肘平，拳心朝上；意先在右拳，後在左掌，面向右方，目平視。（圖4－60）

圖4－58

圖4－59

圖4－60

撇身捶的易經解：

撇身捶的動作由圖4－58至圖4－60組成。

圖4－58，手臂相抱（虛），頭靈虛，鬆身，實胯，鬆膝，虛步偷腰。卦形為☶☷，是謙卦。此勢「內實精神，外示安逸，見之似好婦，奪之似懼虎」。詳見第三章第二十節謙卦。

圖4－59，偷腰轉身向前，手臂外翻（虛），頭上頂（實），身鬆，實胯，鬆膝，實步。卦形為☲☵，是既濟卦。陰陽既濟，周身協調。

圖4－60是左掌向前推出為實，其餘未變，卦形為☴☲，是家人卦。拒敵於門外。

十六、高探馬（家人卦☴☲）

1. 弓左膝成左弓步；同時，左手放平，右鉤手向右前方；面向左方，目平視。（圖4－61）

2. 身體後坐，左腳撤半步，腳尖點地，成左虛步；同時，左手向外翻，掌心朝上，右手由鉤變掌，揚掌，掌心朝上。（圖4－62）

3. 左腳向左方上半步，弓膝成左弓步；同時，右手以肘為軸向上屈前臂劃半圓，前臂平於肩側，掌心向下，落平，手指向左方；然後，左手向回撤，右手向前伸，自左掌之上錯向左方，立掌，掌心向左方，指尖向上，左手掌心向上，手指撫於右腕下；面向左方，目平視。（圖

4－63）

　　高探馬的動作由圖4－61至圖4－63組成。

　　圖4－63是高探馬的定勢，手臂前伸立掌為實，頭上頂（實），鬆身實胯，鬆膝，實步，卦形為☲，是家人卦。家人卦是守勢，家道正不懼外，功夫高不畏強敵。詳見第三章第十五節。

圖4－61

圖4－62

圖4－63

十七、左右分腳（井卦☵）

1. 右手直腕放平，手向外翻，掌心向上托，左手立掌撫於右臂肘窩側；同時，重心稍向後移，左腳外撇45°。（圖4－64）

2. 右臂放下於襠前，右手下垂，掌心向後方。（圖4－65）

圖4－64

圖4－65

3. 左腿蹬起直立，右腿提膝，小腿下垂，腳尖垂下，成左獨立勢；同時，上身直立；兩手握拳抱於胸前，左前臂在外，右前臂在內。（圖4－66）

4. 右小腿向左抬起，腳面繃平，腿與腰齊；同時，兩臂展開，右臂向左方，高與肩平，左臂向右後方，略高於肩，雙手立掌，掌心向外；意在右腳尖，面向左方，目

圖4－66　　　　　　　　圖4－67

平視。（圖4－67）

左右分腳的易經解：

左右分腳的動作如圖4－66至圖4－67及圖4－68至圖4－69。

圖4－66及圖4－68是左右兩勢，是相同的。頭懸（實）、抱臂（虛）、鬆身、實胯、實膝、獨立勢（虛），卦形為☶，是井卦。井卦是凶象，此勢單腿獨立，勢虛，上下失調，故兇險。

圖4－67及圖4－69為左右分腳的定勢。從卦勢講，這是踢人動作，單腿獨立，半邊空虛，所以仍是兇險。拳諺有云：「明出拳，暗出腳。」就是說，出腳易為人所乘，故都是暗著出腳，乘敵不備，化險為夷。詳見第三章第二

圖4-68　　　　　　　　圖4-69

十一節。

十八、轉身蹬腳（大過卦☰）

1. 左腳小腿下垂；雙手握拳，抱於胸前。（參見圖4-68）

2. 全身姿勢不變，以右腳跟為軸，逆時針旋轉180°；面向右方，目平視。（圖4-70）

3. 左腳向右蹬出，腿與腰平，腳尖朝上；同時，兩臂展開，雙拳變掌，左臂向右方，高與肩平，立掌，掌心向右方，右臂向左後方，略高於肩，立掌，掌心向左後方；面向右方，目平視，顧盼左手和左腳，意在左腳。（圖4-71）

圖4-70　　　　　　　　圖4-71

轉身蹬腳的易經解：

圖4-71是轉身蹬腳的定勢。從卦形看，雙手臂開為虛，頭懸為實，身正為實，實胯，實膝，單腿獨立為虛，卦形為☱，是大過卦，即大的過度。

在第三章第二十二節大過卦中解讀，拳勢有落入此卦者，凶多吉少。轉身蹬腳落入大過卦，如何？我們剖析如下：

首先是整體卦形，手臂和腿腳上下皆虛；頭、身、胯、膝，整個軀幹皆實。

《彖傳》說：「大過，大者過也。棟橈，本末弱也。剛過而中，巽而說行，利有攸往，乃亨。大過之時大矣哉！」

意思是太過了，軀幹處於中間，剛得過分了；而足為本，手為末，手足皆虛，棟樑彎曲。這是很不利的。但是，從上下卦來講，上卦兌是悅，下卦巽是順，所以前進有利。這裏「說」即悅，「說行」即悅行，行動為佳。

顯然，轉身蹬腳，不穩；腳蹬了有力，周身皆剛，故要迅速調整狀態，蹬腳後立即行動，不能保持不穩定的原狀，馬上收腿，站穩腳步進退均可，退從反向講也是進。

再從六爻分開看：

初六是虛，單腿獨立，起另一腳蹬，是不穩定狀態，不能停留。

為了腳蹬出有力，膝關節要剛勁，胯關節也要剛勁，身同樣不能軟，頭要頂懸，所以九二、九三、九四、九五連串四個剛爻，陽剛大過，即太過度了！此時，手臂不能再剛，若手剛則成了姤卦，一個陰爻之上承擔五個陽爻，五男爭一女，必定凶。從拳勢看，單腿獨立，全身皆剛，死之期至矣！

十九、栽捶（賁卦☲☶）

1. 左腿小腿下垂；左手下按，橫掌于左膝裏側，右手側立掌置於右耳側，掌心向內，指尖向右方。（圖4－72）

2. 左腳向右方落一步，腳跟先著地，踏實，弓左膝成左弓步；右手握拳向下擊出，拳眼向前方，拳面向下，

左手側立掌撫於右肘窩處；頭稍低下，目注右下方，意在
右拳。（圖4－73）

圖4－72

圖4－73

栽捶的易經解：

栽捶的定勢如圖4－73，手臂向下栽捶為實，頭虛
靈，向前傾身為虛，實胯，鬆膝，實步，卦形為，是賁
卦。

賁卦是由損卦或既濟卦的柔爻下降、剛爻上升而
成，剛爻與柔爻相互文飾。對於損卦講，改善了很多，故
卦辭說：「賁，亨。」然而，對既濟卦卻差之甚遠，僅得
小利，故卦辭又說：「小利有攸往。」實則得不償失。

由此解讀，栽捶不是一個良好的拳勢，使用時應該
謹慎。

賁的意思是「飾」。飾可解為偽裝，外實而內虛；外剛而內柔；文過飾非，這就是栽捶的卦解。詳見第三章第二十三節。

二十、翻身二起腳（坤卦䷁）

1. 重心移於右腳，準備起跳；同時，右臂以肩為軸，自下而上經頭頂再向下、向上揮一圓，右拳鬆開，掌心朝上，左臂亦自下而上經頭頂向左揮出。（圖4－74）

2. 左腳向上踢，不等落地，右腳向上跳起；同時，左手揮下，右手自背後向上經頭頂向左方揮出。（圖4－75）

3. 左腳未落地，右腳向上彈腿，腳面繃平，右手拍擊右腳面；左腳落地。（圖4－76）

圖4－74　　　　　　圖4－75

圖4-76

翻身二起腳的動作如圖4-74至圖4-76,人體懸空,周身皆虛,卦形為☷,是坤卦。

《彖傳》解釋:「至哉坤元,萬物資生,乃順承天。坤厚載物,德合無疆。含弘光大,品物咸亨。牝母地類,行地無疆,柔順利貞。君子攸行,先迷失道,後順得常。西南得朋,乃與類行;東北喪朋,乃終有慶。安貞之吉,應地無疆。」

這是一首讚歌,讚美坤,資生、順承、厚載、德合、弘光、咸亨等等。坤為地,所以大得無邊際;說君子先迷後順,失道得常。西南為地,東北為山,故「西南得朋」而「東北喪朋」,最終有慶和安貞之吉,大地無邊。

落實到拳理,就不是這樣美妙了。坤卦上下六爻皆虛,犯雙虛之病,必敗無疑。

二起腳上下皆虛,單腿獨立猶半邊空,雙腳皆空,死之徒也。許多拳法都拋棄二起腳一勢,太極拳緣何有此

勢哉？此花法也，大地生花！詳見第三章第二節。

二十一、打虎勢（蹇卦☶☵、井卦☵☴）

1. 左腳落地後，右腳下落，不著地向右方撤一步，踏實，屈膝下坐，左腳撤半步，腳尖立地，成左虛步；同時，兩手下採，由掌變拳，逆時針上舉，左拳橫臂置於右胸前，拳眼朝上，拳面向前方，右拳上舉置於右額上方，反手拳眼向下與左拳相對，拳面向後方；面向左方，目平視，顧盼雙拳。（圖4－77）

圖4－77

2. 左腳向右方撤一步，直立，右腳提起，膝與腰齊，小腿向左（後方）盤，鉤腳翻腳掌；同時，兩手變掌，下採，順時針上舉，由掌變拳，右拳橫臂置於左胸前，拳眼朝上，拳面向後方，左拳舉臂置於左額上方，反

手拳眼向下與右拳相對，拳面向前方；面向左方，目平
視，顧盼雙拳。（圖4－78）

圖4－78

打虎勢有左右兩勢：

圖4－77是右打虎勢，雙拳上下相對為虛勢，頭上頂
為實，鬆身（虛），實胯、鬆膝（虛），虛步。卦形為☷☵
，是蹇卦。蹇卦是蓄勢卦，蓄勢待發。

圖4－78是左打虎勢，單腿獨立為虛，膝直為實，其
餘未變，卦形為☵☴，是井卦。井卦是凶象。此勢單腿獨立
半邊皆空，故兇險。詳見第三章第二十一節。

二十二、披身踢腳（掛樹踢腳）（巽卦☴）

1. 套步坐盤，右腿在外，左腿在內；同時，兩臂自上向左右展開，再抱於胸前，雙拳交叉，左拳在外而右拳在內。（圖4－79）

2. 右腳蹬地，站立；左腿提膝，小腿下垂，成右獨立勢；同時，兩前臂抬起，抱於胸前，右臂在外，左臂在內。（圖4－80）

圖4－79　　　　　　　圖4－80

3. 左腳向左方平踢；同時，兩臂展開，掌心朝上，左臂向左方與肩平，右臂向右前方，略高於肩；意在左腳及左掌，面向左方，目注左方，顧盼左腳及左掌。（圖4－81）

圖4－81是披身踢腳（掛樹踢腳）的代表性姿勢。手

臂向前穿（實），頭懸（實），身鬆（虛），胯實，腿向
前直踢（實），單腳獨立（虛），卦形為☴，是巽卦。

　　按卦理，披身踢腳是陽剛挾陰柔，出手踢腿皆剛，
然乘敵之虛而入，如風之陰，無孔不入，妙哉！妙哉！詳
見第三章第二十五節。

圖4－81

二十三、翻身蹬腳（大過卦☱）

　　1. 以右腳為軸，身體向右旋轉一周，左腳落於右腳
之後，屈膝下坐；右腳尖立地，成右虛步；雙手握拳交叉
於胸前，左拳在外而右拳在內；面向左方，目平視。（圖
4－82）

　　2. 左腿直立，右膝上提，小腿下垂；兩拳抱於胸
前，左前臂在外，右前臂在內。（圖4－83）

　　3. 右腳向左方蹬出；同時兩臂展開，雙手變掌，右

臂向左，高與肩平，立掌，掌心向左方，左臂向右後方，略高於肩，立掌，掌心向右後方。（圖4－84）

　　翻身蹬腳的動作，由圖4－82至圖4－84組成。其代表動作如圖4－84。卦形與轉身蹬腳相同，是大過卦，易經解亦相同。

圖4－82

圖4－83

圖4－84

二十四、野馬分鬃（謙卦䷽）

1. 右足向後（右方）撤一步，落地，身體右轉180°，面向右方，弓右膝；同時，右掌隨身轉向右方，立掌，置於面前，掌心向右方，指尖朝上，左手合於右肘下；掌心朝上；目平視。（圖4-85）

2. 左腳循弧形路線向右前方邁一步，弓膝成左側弓步；同時，兩掌相合舉向右前方，隨即上下相錯分開，左臂向右前上方伸出，掌心斜向上，手指向右前上方，右掌向右後下方抹出，掌心向下撐，手指向右方；身體傾向右前方，面向右後方，目注右掌方向。（圖4-86）

3. 上身豎正，面向右方；左手向裏翻，立掌置於面前，掌心向右方，指尖朝上，右手合于左肘下，掌心朝上；目平視。（圖4-87）

圖4-85

圖4-86

4.右腳循弧形路線向右後方邁一步，弓膝成右側弓步；同時，兩掌相合，舉向右後方，隨即上下相錯分開，右臂伸向右後上方，掌心斜向上，手指向右後上方，左掌向右前下方抹出，掌心向下撐，手指向右方；身體傾向右後方，面向右前方，目注左掌方向。（圖4－88）

圖4－87

圖4－88

野馬分鬃的易經解：

野馬分鬃的定勢如圖4－86及圖4－88所示。雙手臂開為虛，頭虛靈，身鬆斜（虛），胯實，鬆膝（虛），側步為虛，卦形為☷☶，合謙卦。

謙卦是中庸卦，謙虛，與滿盈是對立面，滿召損，這是一個保守卦。太極拳論：「虛領頂勁，氣沉丹田；不偏不倚，忽隱忽現；左重則左虛，右重則右杳。」正是此

勢的境界。

　　謙卦上地下山，山在地下是謙虛，是順。野馬分
鬃，是順勢借力，故合謙卦。

二十五、玉女穿梭（遯卦☰☶）

　　1. 上身豎正，面向右方，坐盤，左膝套於右腿內；
同時，右手向裏翻，立掌置於面前，掌心向右方，左手合
於右腋下，掌心朝上；目平視。（圖4－89）

　　2. 起立，左腳向右前方邁一步，弓膝成左弓步；同
時，左手向右前上方展出，掌心朝上，手指向右前上方，
略高於肩；右手掌心向下，手指撫于左腕之上；面向右前
方，目注右前方（圖4－90）

　　3. 身體左旋，向後坐，重心移於右腳，左腳腳尖翹
起，腳跟著地；同時，兩掌向左平旋，合于左肩側，左手

圖4－89

圖4－90

垂肘，屈臂，左前臂豎起，立掌，掌心向右前方，右手掌心向左後方，手指撫於左腕之下。（圖4－91）

4. 身體右轉，下蹲成馬步，面向右後方；同時，左掌合於右肩側，立掌，掌心向左前方，右手隨之，手指撫於左腕之下，掌心向右後方。（圖4－92）

圖4－91　　　　　　圖4－92

5. 身體左轉，轉向右前方，弓左膝成左弓步，上身豎直；同時，左手向裏翻，揚臂橫掌置於額前，掌心向右前方，指尖向右後方，右手立掌向右前方推出，置於左掌之下，兩臂撐圓；面向右前方，目平視，顧盼兩手。（圖4－93）

6. 身體右轉，轉向右方，套步坐盤，右膝套於左腿內；同時，左肘下垂，左手立掌置於面前，掌心向右方，右手合於左腋下，掌心朝上。（圖4－94）

7. 與動作2至動作5相同，唯左右互易，方向為西北——東南（右後——左前）。（圖4－95～圖4－98）

玉女穿梭的易經解：

玉女穿梭的主要動作有兩個，如圖4－92與圖4－93及圖4－97與圖4－98所示。

圖4－92及圖4－97，收掌為虛，頭頂，身正（實），開胯（虛），鬆膝（虛），馬步實。卦形為☰☰，合隨卦。

隨卦是隨從的意思。上兌下震是「動而悅」，所以要動。此勢是玉女穿梭的一個過渡動作，故是隨。詳見第三章第十一節隨卦。

圖4－93及圖4－98，雙臂向外撐為實，頭懸（實），身正（實），實胯，鬆膝，斜步（虛），卦形為☰☰，合遯卦。詳見第三章第二十四節。

遯卦，是退避卦。這個卦像是陰逼陽退，所以它有隱遯的意思，不強出頭。

圖4－93

圖4－94

　　玉女穿梭一勢落入遯卦，表明此勢是表裏不一的，陽剛在退，陰柔在進。故玉女穿梭有「明拳暗肘」之說，即明著出拳（掌）而暗中隱藏著肘法打擊敵人。所以玉女穿梭還有另外一個名稱叫「八方肘」。「八方」指四個角落，所以此勢也叫「四隅」。

圖4－95

圖4－96

圖4－97

圖4－98

二十六、雲手（同人卦☰☲與遯卦☰☶或家人封☴☲與 漸卦☴☶）

1. 弓右膝成右弓步，同時，身體左轉向右方；右臂伸臂，右掌立掌於面前，左手向外翻，掌心朝上，手指撫於右腕下；面向右方，目平視，顧盼右手。（圖4－99）

2. 身體左轉向左前方，左腳外撇90°，右腳並於左腳側，腳尖直立，兩腿屈膝下蹲；同時，左手橫掌，掌心向裏，經眉前向左拉，向裏翻，立掌伸臂，掌心向左方，臂與肩平，右手隨轉身向下抹，經小腹前向左方抬起，掌心向上，手指撫於左腕之下；意在兩掌，面向左前方，目光顧盼兩手。（圖4－100）

圖4－99　　　　　　圖4－100

雲手的易經解：

雲手的動作如圖4－99及圖4－100所示。

雲手可以有兩種練法，一種偏於剛和進攻，一種偏於柔和防守。

偏剛的一種如下：

圖4－99的練法，手掌向外撐和橫拉為實，頭懸（實），身正（實），實胯，鬆膝，實步。卦形為☰，合同人卦。從卦象看，這是一個陽剛過度的攻勢卦。從每個爻來看，充滿矛盾，這在爻辭中說得很清楚，可參看第三章第十六節同人卦。

我們從拳勢看六爻的組合，身、胯兩爻皆剛，剛剛相磨，腰必受損；膝鬆而虛，是順通，使胯以上四個剛爻能落實到腳，接地，改善了陽剛過度，可見六二陰爻陰位得中得正的作用。解決矛盾的出路是進取，這從卦辭可以看出，卦辭說「利涉大川」。從拳理講，就是進攻，把陽剛之勁釋放出去。

這都是從易經的卦理推論對太極拳的指導意義。

圖4－100，除腳變為丁虛步外，其餘均未變，卦形為☳，合遯卦。

遯卦，六爻是陰從下生，陰逼陽退。太極拳勢落入遯卦，應退避。由此看，雲手是從進攻轉為退守。詳見第三章第二十四節遯卦。

偏柔的一種如下：

圖4－99的練法，身鬆下來（虛柔），其他與前相同，拳勢外觀是看不出來的，內部卻變了，身由緊變鬆。卦形為☲☴，闔家人卦。

家人卦是一個內部調整得非常好的卦形，僅差上九的陽爻變為陰爻，就成為陰陽既濟的理想狀態，既濟卦。從拳勢看，做到這點是不難的，只要把手臂中的勁吐出成為虛，就成了。此時，卦形變為☲☵，合既濟卦，陰陽既濟。

圖4－100，除腳變為丁虛步外，其餘均未變化，卦形為☶☴，合漸卦。從卦辭看，它是一個前進有利的卦，然而進的方式是漸進而不是突進。《象傳》又說「動不窮也」，是源源不斷地前進。這顯然是推擠之勁。

二十七、下勢（解卦☳☵）

1. 左腳左撇45°，身體左轉向左方，弓左膝，扣右腳，成左弓步；左掌放平，右手掌自右向下、向左抬起，掌心向上，手指撫於左腕下；面向左方，目平視。（圖4－101）

2. 身體右轉向前方，右腳向右挪一腳之距，弓膝開襠，身亦隨之右移，成右側弓步；同時，雙掌向右拉，舉於頭頂。（圖4－102）

圖4-101

圖4-102

3. 右腿側蹲，左腿做仆步，上身直立；雙掌循弧線自右側下放，左掌在前置於左腿裏側，掌心朝前，手指向左，右掌在後置於襠前，掌心向後，手指向左；面向左方，目平視顧盼左掌。（圖4-103）

圖4-103

下勢的易經解：

下勢的定勢如圖4－103所示。頭虛靈，雙手下插為虛，身正為實，開胯為虛，實膝，虛步，卦形為☳，合解卦。

解卦上卦為震，是動；下卦為坎，是險，所以這是一招險勢。當敵出拳或腳攻擊我頭部時太迅猛，我迅速下勢以避之。下卦險，是險招，所以要趕快起立復原，走出險境。故合解卦，解除危險也。詳見第三章第二十六節解卦。

二十八、金雞獨立緊攀弓（大過卦☱）

1. 左腿向左弓出成大左弓步，身體隨之向左挺進；同時，雙手擦地向左方伸出，左手立掌向上置於喉前，掌心向前方，右手垂臂向下，掌心向後方；面向左方，目平視。（圖4－104）

2. 左腳蹬地起立，右腿提膝，小腿下垂，腳尖垂下，成左獨立勢；同時，右掌上提，側立掌，置於面前，掌心向後方，指尖向上，左掌置於右掌與胸之間，掌心向前方，指尖朝上；面向左方，目光注視右手，意在右掌。（圖4－105）

3. 右手上舉於頭頂右上方，向裏翻，橫掌，掌心向左方，手指向後方，左手向裏翻，向下按，掌心向下撐，與右腳掌相對；同時，右小腿向上盤，鉤腳，腳掌外撐，與左掌相對；目光顧盼兩掌及右腳。（圖4－106）

圖4－104

圖4－105

4. 右腳落於原地直立，左腳提起，小腿下垂，腳尖垂下，成右獨立勢；同時，左手側立掌上提，置於面前，掌心向前方，指尖向上，右手側立掌下放，置於左掌與胸之間，掌心向後方，指尖朝上；目光注視左手，意在左掌。（圖4－107）

圖4－106

圖4－107

5. 與動作3相同。唯左右互易。（圖4－108）

圖4－108

金雞獨立緊攀弓的易經解：

圖4－104至圖4－108是金雞獨立緊攀弓的動作，左右兩勢。我們以左勢作解：

圖4－107雙手前後為虛，頭懸為實，身正為實，單腿獨立（胯實、膝實、腳虛），卦形為☱，合大過卦。

圖4－108是從前勢變過來的，雙手從前後變為上下；左腳由下垂變為橫踹，仍為獨立勢。故卦形未變，仍是大過卦。

從卦辭講，此勢陽剛過度，危機四伏。然而，大過也創造了機會。它是從下勢過來的，下勢是解卦，突然伏身下去，敵人失去目標，不容彼緩過勁時，我突然起立，出腳踹敵之腹、襠，雙手按彼胸，將其擊倒在地。這個動作，從卦理來講，要極迅速，極剛勁，所謂「大過」，要

「剛過而中」，才「利有攸往」。

二十九、倒攆猴（未濟卦☲☵、蹇卦☵☶、既濟卦☵☲）

1. 身體向後坐，右腿屈膝下蹲，左腳腳尖翹起，同時，右手側立掌，向裏封撤至面前，左手下按，掌心向下，指尖向前，附於左胯側。（圖4－109）

2. 左腳向後撤一步，屈膝下坐，右腳腳尖點地，成右虛步；同時，左手經背後上提至左耳側，掌心向內，手指向前方，右手橫掌下按置於右膝裏側，掌心向下，指尖向左（後）。（圖4－110）

3. 右腳向前上半步，弓膝，成右弓步；同時，左手向前伸，立掌，掌心向前，伸臂與肩平，右手摟膝，轉至右胯側，掌心向下，指尖向前；面向前方，目平視。（圖4－111）

圖4－109

圖4－110

圖4－111

倒攆猴的易經解：

倒攆猴的動作如圖4－109至圖4－111所示，是一個退步的動作。

圖4－109提手封閉為實，頭虛靈，身正，鬆胯，實膝，虛步，卦形為☲☵，合未濟卦。

未濟卦的六爻全都不正，是易經六十四卦中最差的一卦。這一卦雖然六爻不正，但陰陽相應，即陰陽爻相間，所以《彖傳》說它「不續終也」，即不是變化的終止。這一動作，仍在變化。詳見第三章第三十二節。

圖4－110，手上提下按為虛，頭懸為實，鬆身為虛，胯實，膝鬆，虛步；卦形為☵☶，合蹇卦。

蹇卦是一個困卦，初六爻辭是「往蹇來譽」，即前進困難，後退為好。倒攆猴，恰是一個後退的動作。九三

也說「往蹇來反」，這裏「反」的意思是不困難，即回來就無險。也是說倒攆猴為什麼要退。上六說「往蹇來碩」，即後退碩果累累。

後退幹什麼？

六四爻辭說：「往蹇來連」。「連」是連合、充實力量的意思。所以說，蹇卦的目標並非退卻，而是積蓄力量前進，克服困難。所以《象傳》說「往得中也」「往有功也」。說「蹇之時用大矣哉」！即困難或危險的時候，用處太大了，激勵人去克服困難、戰勝危險。這從倒攆猴的最後一勢（圖4－111）可以看出。

此勢從圖4－110一勢向前打出一個摟膝拗步，摟膝拗步合既濟卦䷾，陰陽既濟，是易經六十四卦中最好的卦。摟膝拗步是太極拳中最好的拳勢。

從整個倒攆猴的拳勢看，按卦象分析，是「往蹇來碩」，退而後進，蓄而後發。

三十、十字擺蓮（解卦䷧、升卦䷭）

1. 重心稍向後移，右腳向外撇45°，左腳向左方邁一步，弓膝成左弓步；同時，左手向外（後方）橫抹半圓，手掌翻上置於左肋側，手指向左方，右手向前方即左上方拷，然後，左掌從右手背之上向左上方穿出，向裏翻掌，立掌向下抹，伸向左方，臂與肩平，右掌屈前臂，手背循左臂之下向左腋下平移，掌心向下，手指向後方。（圖4－112）

圖4－112

2. 重心稍向後移，左腳向裏扣135°，身體右轉向右方，左腿屈膝下坐，右腳點地，成右虛步；同時，左掌上舉經頭頂向右揮，掌向裏翻，橫掌置於頭前，掌心向右方，手指向後方，右掌于左腋下不動；面向右方，目平視。（圖4－113）

圖4－113

圖4－114

3.左腳蹬起，右腿自左（前方）而上向右（後方）擺腿；右手向右揮，左手向左揮，同時拍打腳面，向兩側展開，掌心向下；面向左方，目光顧盼雙手及右腳。（圖4－114）

十字擺蓮的易經解：

十字擺蓮的動作由圖4－113及圖4－114所示。

圖4－113，雙臂抬起，雙手上下分開，採取守勢（虛），頭虛靈，身正（實），鬆胯（虛），實膝，虛步，卦形為☷，合解卦。

解卦，解除困境，是防守型的拳勢，雙手護住頭、身；虛步實膝使步法隨時可以啟動。細節請參看第三章第二十六節解卦。

圖4－114是十字擺蓮主動作，虛出手誘惑，頭虛靈，鬆身，實胯，直膝踢腿（實），單腿獨立（虛），卦形為☷，合升卦。

升卦來自解卦，由守勢轉為進攻。卦辭有「升」「用見大人」「勿恤」「南徵吉」。這是指出，十字擺蓮，起腳踢人為「升」；「用見大人」是對付強者；「勿恤」是不能憐恤猶疑；「南徵吉」，南方離卦屬火，火者烈也，打擊要重。下卦中位剛，剛中而發，出腿要剛健。上卦坤，三個陰爻，皆虛，所以十字擺蓮不能上下皆剛，而要上柔下剛，不犯「雙重」。如此，「升虛邑」，擊敵之虛才萬無一失。詳見第三章第二十七節升卦。

三十一、指襠捶（家人卦 ䷤）

1. 右腳腳尖落地，踏實，弓膝成右弓步；同時，右手握拳置於右腰眼處，拳眼朝上，左手伸臂向右下方攔，掌心向後方，指尖向右下方；目光俯視右下方。（圖4－115）

2. 左腳向右方進一步，弓膝成左弓步；同時，右拳向右下方擊出，拳眼向上，拳面向右下方，左手上提，側立掌置於右肘窩處；意在右拳，目注右下方，顧視右拳。（圖4－116）

指襠捶的定勢如圖4－116所示。

從拳勢看，握拳指襠為實屬陽，頭懸為實屬陽，鬆身屬陰，胯實屬陽，鬆膝為虛屬陰，實步屬陽。卦形為 ䷤，闔家人卦。

圖4－115

圖4－116

家人卦是守勢卦，關門打狗，內無隙而外不侵。詳見第三章第十五節家人卦。

三十二、上步七星（否卦䷋）

1. 單鞭下勢。（圖4－117）
2. 身體向左挺起，重心移於左腳，上右腳，腳跟著地，腳尖翹起；雙手立掌交叉收於胸前，雙掌交叉向左方推出，臂與肩平，右掌外而左掌內，掌緣向左方；左腿屈膝下坐；意在雙掌緣，面向左方，目注雙掌。（圖4－118）

圖4－117

圖4－118

上步七星，雙手向外推為實屬陽，頭懸為實屬陽，身正為實屬陽，鬆胯為虛屬陰，鬆膝為虛屬陰，虛步屬陰。卦形為䷋，合否卦。

否卦,上卦乾為天,下卦坤為地。陽上陰下,陰陽不交;剛上柔下,上實而下空虛,不堪重負。

此卦內陰外陽,上陽下陰;內柔外剛,上剛下柔;外實內虛,上實下虛,此拳法之大忌也。太極拳何以有此勢?從卦象說,一大失誤也。拳勢亦不利,雙手齊出,交叉重疊,易為對方所乘。卦象如此,作者不敢更動,望讀者自酌。詳見第三章第四節否卦。

三十三、退步跨虎(萃卦☳☷)

右腳向後(右方)退一步,屈膝下坐,左腳點地,成左虛步;同時,左手向上、向後方揮出,鉤手,臂略高於肩,右手向後方(左)向下揮,再向前方(右)向上挎,立掌,掌心向前方,手指向上,臂與肩平;面向左方,目平視,意在右掌。(圖4-119)

退步跨虎的定勢如圖4-119所示。

圖4-119

從卦象看，退步跨虎兩臂張開為虛（陰），頭懸為實（陽），身正為實（陽），鬆胯（陰），鬆膝（陰），虛步（陰），卦形為☷，合萃卦。

萃卦是一個內向的聚卦，內實精神，外示安逸。拳勢是守勢，對內察身之虛實，對外則觀敵之動靜。詳細情況，可參看第三章第二十八節萃卦。

三十四、推碾（隨卦☳、賁卦☲）

1. 左腳腳跟著地，腳尖翹起，以腳跟為軸腳尖內扣135°，身體右轉向右方，右腳向右方上半步，弓膝成右弓步；同時，右手屈臂置於左腋下，掌心向下，左手由鉤變掌，平掌，掌心向下，從右前臂之上伸向右方，立掌，掌心向右方，臂與肩平；意在左掌，面向右方，目平視。（圖4－120）

圖4－120

2. 左掌放平，意在指尖，由指尖導引身軀；左腳向右方進一步，弓膝成左弓步。（圖4－121）

3. 左腳向裏扣135°，身體右轉向左方，右腳鬆開撤半步，腳尖點地，成右虛步；同時，右臂平掌揮向後方，左手屈臂隨之，隨身轉向左方，右掌向裏翻，掌心朝外，屈臂上舉，橫掌置於頭前，左手立掌，掌心向外，置於右掌之下；面向左方，目光透過雙掌，顧盼兩掌。（圖4－122）

圖4－121　　　　　　　　圖4－122

推碾的易經解：

推碾是一個動態拳勢，它的動作從圖4－120、圖4－121至圖4－122。推碾的代表性拳勢如圖4－121，然而圖4－121並沒有完成推碾的全部動作，還要延伸一些，但

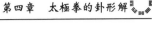

又不到圖4－122，僅及其半。故推碾的易經解釋要複雜一點。

圖4－121手臂前伸鬆開，為虛屬陰，頭懸為實屬陽，身正為實屬陽，鬆胯屬陰，鬆膝屬陰，弓步為實屬陽，卦形為☷，合隨卦。

隨卦是隨合、隨從的卦。拳勢是捨己從人，隨敵之動而動，隨敵之變而變。

推碾，拳勢一轉，以手推碾成為剛勢屬陽，頭轉虛靈為虛屬陰，隨推碾而鬆身吐勁屬陰，實胯以助力屬陽，鬆膝通地力以上達屬陰，實步以借地之力屬陽。

如上，卦形轉變為☲，合賁卦。

賁卦的意義是「剛文柔」和「柔文剛」。推碾雙臂一轉，是以柔接敵攻擊之剛，將敵向側向擊出，這是「以柔文剛」，即柔接而剛發，「棉裏裹鐵」也。詳見第三章第十一節隨卦及第二十三節賁卦。

三十五、轉身雙擺蓮（解卦☵、升卦☷）

1. 左腳蹬起直立，右腿提膝，小腿下垂，腳尖垂下，上身姿勢不變。（圖4－123）

2. 右腿小腿由裏向外擺，至最高點；雙手順時針由外向內拍擊腳面。（圖4－124）

轉身雙擺蓮的動作如圖4－123及圖4－124所示。其易經解與十字擺蓮相同，可參看本章十字擺蓮一節。

圖4－123　　　　　　　圖4－124

三十六、彎弓射虎（泰卦☷☰、臨卦☷☱）、射雁（觀卦☴☷）

1. 右腿小腿垂下稍停片刻；雙手揮至後上方；然後，右腳向左前方落一步，弓膝成右弓步；同時，雙手逆時針向後、向下經腹再向上，握拳上下相對向左方擊出，右拳在上，舉於頭頂右側，拳眼向下，拳面向左（後方），左拳在下，拳眼與右拳相對，屈前臂置於右膝上方，拳面向前方；面向左方，目平視，顧盼雙拳。（圖4－125）

2. 身體向前傾；同時，右前臂向前偏左架起，左前臂橫向外撐，兩拳相對；面向左後方，目光向左後下方，顧盼雙拳。（圖4－126）

圖4－125

圖4－126

變弓射虎的易經解：

彎弓射虎的動作如圖4－125及圖4－126所示。

圖4－125雙拳上下為虛（陰），頭虛靈（陰），身鬆為虛屬陰，胯實屬陽，膝實屬陽，弓步腳實屬陽，卦形為 ，合泰卦。

泰卦陰陽相交，上下媾通，上柔下剛，上輕下重，穩如泰山，天地相交，萬物為蓄勁，拳論曰：「蓄勁如開弓。」

圖4－126鬆胯，身體向前傾，卦形變為䷒，合臨卦。

前勢合泰卦，「蓄勁如開弓」也。此勢合臨卦，「發勁如放箭」也。

臨卦至吉，唯「八月有凶」。「八月」為觀卦䷓。臨

卦居高臨下,「彎弓射虎」也;觀卦仰面觀上,「彎弓射雁」也。《宋遠橋太極功源流支派論》之太極功有「彎弓射雁」一勢,此非虛傳也。

詳情可參閱第三章第二十九節臨卦及第三十節觀卦。

三十七、合太極(復卦䷗)

1. 身體後坐,上身豎起,左腿屈膝下坐,右腳撤半步,右腳點地,成右虛步;同時,雙拳變掌,垂臂下採,置於身側,平掌下按,手指朝左方;面向左方,目平視。(圖4-127)

圖4-127

2. 右腳向右方撤一步,身體右轉向前方,雙腿下蹲成馬步;同時,兩臂下垂,兩手下按,指尖相對,置於襠前;面向前方,目平視。請參見圖4-34。

3. 與第九勢十字手動作3至動作6相同。

4. 兩掌向下放，平置於肩胛骨之前，兩臂屈前臂向肩兩側平展，兩手指尖相對，掌心向下；面向前方，目平視。（圖4－128）

圖4－128

5. 雙手平掌下落，兩臂自然垂於身軀兩側，雙掌掌心向下，手指朝前，恢復太極勢。請參見圖4－1。

合太極，返樸歸真，一元復始，合復卦之初，卦形為䷗。詳見第三章第六節復卦。

結　　論

從上面的解析看，太極拳的三十七個不同拳勢（不含重勢）佔有易經六十四個卦中的二十八個卦。它們分別

是：

泰卦、漸卦、蹇卦、家人卦、既濟卦、隨卦、屯卦、益卦、剝卦、同人卦、復卦、損卦、艮卦、無妄卦、謙卦、井卦、大過卦、賁卦、坤卦、巽卦、遯卦、解卦、未濟卦、升卦、否卦、萃卦、臨卦、觀卦。

也就是說，尚有一多半的卦沒有用上。而且這二十八個卦，也並非都是上卦，即吉利的卦。為什麼會是這樣？我們從解讀中可以看出如下問題：

太極拳的拳勢並非按著《易經》的六十四個卦來編創的，乃是按照一定的技擊理念創造的。這個技擊與理念就是「以靜制動，以柔克剛，以小力勝大力」，主導思想是「以弱勝強」，從分析看，這一理念包含在易經之中。但是，易經遠比這個理念更為宏大，它對陰陽的認知是「此消彼長」，所謂「陰陽既濟」，也就是「陰長陽消」和「陽長陰消」。

這是太極拳沒有完全涵蓋的。所以，太極拳僅是中國拳系內、外兩家之一家，並非僅此一家。內、外家的關係是「相生相剋」與「相輔相成」。說得明白一些，即太極拳以靜制動，以柔克剛、以小力勝大力，並不是說動不能制靜，剛不能克柔，大力不能勝小力。

太極拳不能涵蓋易理，而易理卻涵蓋內、外兩家。此其一也。

從《易經》的卦象分析，某些太極拳勢是凶卦、險情，如「轉身蹬腳」「翻身蹬腳」「金雞獨立」，都是「大過卦」，皆不利，是險招、凶相。對此，《易經》的卦辭、爻辭都不是簡單地否定，而是指出其出路，這充分

體現了《易經》的辯證原理。而太極拳的這類拳勢，確實違反了王宗岳《太極拳論》中「無過不及」的論述。這說明《易經》的偉大和指導性意義，它對未來的推測對太極拳是有指導意義的。此其二也。

我們把太極拳的三十七個不同拳勢分解為六個爻，合《易經》之卦，解讀之。六個爻的安排，頭顯然是領導者的地位，故為上卦中，即五的一爻；手臂為兩扇門，顯然要防護司令的中心即頭，故在頭之上，上卦頂的一爻；身軀在頭之下，故為上卦底，即四的地位，四的一爻；胯支撐上身，處下卦頂的位置，為三的一爻；膝在腿之中央，是下肢運動的重要樞紐，處下卦中，為二的一爻；腳是人體與地接觸的部位，處下卦底的位置，為初爻。

為什麼不把腰作為一爻安排，這是有道理的。如果把腰作為一爻，放在上卦四爻，則頭下就是腰，沒有這種道理。身又何處去了？如果把腰放在下卦的三爻，則出現兩種情況：一是三爻為腰，二爻為胯，初爻為腳，胯下接腳，是荒謬的；二是三爻為腰，二爻為膝，初爻為腳，腰與膝接，這也是荒謬的。

在人體結構上，腰是承上啟下的樞紐，腰不屬於上身或下體；從卦象剖析，腰不屬於上卦，也不屬於下卦，而處於上下卦之間，腰由上卦底的四爻與下卦頂的三爻的關係來決定。根據我們的實際剖析，這樣的安排，完全符合人體構造、易之卦象和《易經》的解釋。此其三也。

六個爻與人身相應。何種情況為實（陽）？何種情況為虛？此乃一體而二解。

這是什麼意思呢？就是說，同樣一個拳勢，同樣的

一個形態，可以是實（陽），也可以是虛，差別只在一念之間，即意念之差。

我們舉個例子：「摟膝拗步」一勢，意念中手臂是發勁則為虛（陰），蓄勁為實（陽）；頭專注一力為實（陽），虛靈為虛（陰）；身鬆為虛（陰），身正為實（陽）；胯實為實（陽）；鬆胯為陰；膝實為陽，鬆膝為陰；實步為陽，虛步為陰。摟膝拗步，我們發勁要放鬆（陰），頭腦要專注一方（陽），鬆身（陰），實胯，鬆膝（陰），實步（陽），卦形為☲，合既濟卦，陰陽既濟，是易經中最好的一卦，太極拳中也是最有效的一招。

反之，同為「摟膝拗步」一勢，若腳虛（陰）、膝實（陽）、胯鬆（陰）、身實（陽）、頭空虛（陰）、手臂僵（陽），卦形完全相反，為☵，合未濟卦，為易經中最差的一卦，拳勢亦最糟糕。「一念之差」，謬之千里！即王宗岳《太極拳論》所謂「差之毫釐，謬之千里，學者不可不詳辨焉！」此其四也。

最後，易經的卦辭是全局性的，而爻辭是局部性的，它們是統帥與被統帥關係。出現矛盾，不能本末倒置，爻辭服從卦辭。此外，卦辭是宏觀的，是策略性的；而爻辭是微觀的，是戰術性的。卦辭又是外部的和整體的，而爻辭則是內部結構性的，表現六爻之間的相互關係。《易經》的卦象，遠不僅是演繹太極拳勢，而更具深層拳理的哲學內涵。此其五也。

凡此五項，太極拳理定矣。

第五章　內外卦的解釋

　　易經的八卦是八個基本屬性，其名為乾、坤、震、巽、坎、離、艮、兌；卦形為☰、☷、☳、☴、☵、☲、☶、☱；按自然屬性，它們是天、地、雷、風（木）、水（雨）、火（日）、山、澤；從內在性質講，是健、順、動、入、陷、附、靜、悅；從外部表現講，是剛、柔、進、退、聽、觀、止、行。就是健而剛；順而柔；動而進；入而退；陷而聽；附而觀；靜而止；悅而行。八卦相盪，產生六十四卦；下卦為內，上卦為外。

　　我們規劃，內在性質為因，外部表現為果，以此研究太極拳的內因外果。由於內外卦的錯動，使內因外果發生變化，出現矛盾。太極拳的原理，就在這種變化和矛盾之中。

　　我們把八卦屬性列表，可以看得更清楚。

卦名	乾	坤	震	巽	坎	離	艮	兌
符號	☰	☷	☳	☴	☵	☲	☶	☱
自然屬性	天	地	雷	風(木)	水(雨)	火(日)	山	澤
內在	健	順	動	入	陷	附	靜	悅
外表	剛	柔	進	退	聽	觀	止	行

第一節　對內與外的認識

從拳術的角度，對內和外的認識並不一致，大致有以下幾種看法。

一、 內練一口氣，外練筋、骨、皮

這是外家拳的說法，意思是內練陽剛之氣，外催陽剛之力。所以，以少林拳為代表的外家拳，常把練力與煉氣分開來練習。

練力，如擊磚、打瓦、開石、斷碑、打砂袋、油捶貫頂、鐵尺排肋、踢木樁等。

煉氣，主要是練易筋經。練出的效果是「一力降十會」。意思是，不管你有什麼高招，我力大就制你！

二、內實精神，外示安儀

這是越女劍法的說法：「內實精神，外示安儀；見之似好婦，奪之似懼虎。」用之於拳術，也是一樣的，外鬆而內緊。

這裏，首次把精神引入，是一個首創，為以後的內家拳奠定了理論基礎。

三、六 合

形意拳的原理，「六合」是「身、手、足合」為外三合；「精、氣、神合」為內三合。

這裏，精、氣、神最不易理解，大師們的解釋也多牽強附會。例如，這裏的「精」是什麼？是「精神」？是體內的生理「精液」？說不清楚，就有了玄學的味道。「氣」更說不清，是「呼吸」？是「氣體」？還是「氣勢」？是內部的，還是外部的？都不清楚。「神」，是「精神」？還是什麼「元神」？

雖然，我們搞不清楚精、氣、神，然而有一點是清楚的，即習拳者確實能感覺到「精、氣、神」的存在。它們在內家拳中的地位，確實很重要。

四、內斂其神，外聚其氣

這個觀點，是著名太極拳家吳圖南先生在上世紀30年代所著《國術概論》一書中的論述，如下：

「太極之先，本為無極。鴻濛一氣，混然不分。故無極為太極之母，即萬物先天之機也。二氣分，天地判，始成太極。二氣為陰陽，陰靜陽動，陰息陽生。天地分清濁，清浮濁沉。清高濁卑。陰陽相交，清濁相媾，氤氳化生，始育萬物。

人之生也，本為一無極，亦莫不有太極也。人之作用，有動有靜。動極必靜，靜極必動，動靜相因，而陰陽

分，渾然一太極也。人之生機，全恃神氣。氣清上浮，無異於天。神凝內斂，無異於地。神氣相交，亦宛然一太極也。故習太極拳者，須先明太極之妙道。若不明此，徒勞無益也。

太極拳者，其靜如動，其動如靜，動靜循環，生生不已。故內斂其神，外聚其氣。拳既到，而意先到。拳不到，而意已到。意者，神之使也。神氣既交，變化環生。

故，習太極拳者，應以養心、定性、聚氣、斂神為主。若心不能安，性即擾之。氣不能聚，神必亂之。心性不接，神氣不交，則全身之四肢百體莫能一氣。雖依勢活動，而難收成功之效也。

欲求安心、定性、斂神、聚氣，則基功之法不可缺，而行功亦不可廢。學者須於動靜之中，尋太極之至理，於剛柔之中，求生尅之玄機。然後，由太極而入於無極。心性神氣，相倚相隨。則心安、性定、神斂、氣聚。一身之中，太極成，陰陽交，動靜合。全身之四肢百體，周流通暢，不黏不滯，斯可謂得斂神聚氣之法矣。」

吳圖南先生的這些話非常經典，完全合乎易理。易理是主張陰陽相交的。上述說法把氣歸為天，神歸為地，提出「內斂其神，外聚其氣」。他說「意者，神之使也」，顯然是說，神主使意，把神與意念聯繫在一起。又說：「心性不接，神氣不交，則全身之四肢百體，莫能一氣。」「百體」即百骸，「骸」是構成人形的骨架。「莫能一氣」，指不能協調一致，這個「聚氣」，顯然是說，全身之四肢百骸協調一致。如此，就清楚了，吳圖南先生說的「神」是人的意念，屬於「精神」，「斂神」就是通

常人們說的「聚精會神」「專注」的意思，也就是「思想集中」。「神氣相交」就是思想與全身的動作高度協調一致，按太極拳的境界，就是「神明」之境。

以上，是習拳者對內與外的一些說法。

現在，我們把《易經》展開，看看《易經》的說法，六十四卦把我們帶入一個更廣闊的天地。我們剖析《易經》的部分卦象。

第二節　各　論

一、乾　卦

乾卦，內外卦都是乾，卦形為☰，內健外剛。

乾卦，內在強健，外顯剛勁，陽剛之極。

卦辭：「乾，元，亨，利，貞。」

從卦辭看，乾卦占盡了先機，從裏到外都犀利無比，對外界所向披靡。這樣剛強，從卦象看，就是「滿」，滿招損。它的發展方向是走向反面。這屢為各界事物所證實。

從拳術看，乾卦是外家拳的典型。

二、坤　卦

坤卦內外皆坤，卦形為☷，內在順從，外顯柔弱。這

是陰柔之極的典型。

《彖》曰：「至哉坤元，萬物資生，乃順承天。坤厚載物，德合無疆。含弘光大，品物咸亨。牝馬地類，行地無疆，柔順利貞。君子攸行，先迷失道，後順得常。西南得朋，乃與類行；東北喪朋，乃終有慶。安貞之吉，應地無疆。」

整個這段話，都是歌頌坤卦的包容。坤是地，萬物資（滋）生，厚物載德，包容一切，柔順得利。

從拳術看，坤卦出現了兩個相反的解釋：

首先，坤卦內順外柔，包容一切。《太極拳論》中的許多內容，都符合這點，例如「無過不及」「隨曲就伸」「人剛我柔」「我順人背」「一羽不能加」「蠅蟲不能落」等等。

然而，從反面看，坤卦內外皆虛，空空洞洞，這在技擊對抗中是不堪一擊的。

坤卦卦辭說：「利西南得朋，東北喪朋。」坤的方位是西南，屬地，是有利的；而東北是艮的方位，為山，對坤卦不利，因此，坤卦是有二重性的。一方面它柔順，可以以柔制剛；另一方面，坤太過柔弱，不堪一擊。這是辯證的二分法。《易經》是全面的，正確的。而《太極拳論》只講了一個片面，強調了「以柔克剛」，忽略了「剛亦制柔」！

三、泰　卦

乾卦與坤卦，內外相錯，產生泰卦，卦形為䷊，外坤

內乾。

《彖》曰：「泰，小往大來，吉亨。則是天地交，而萬物通也；上下交，而其志同也。內陽而外陰，內健而外順，內君子而外小人，君子道長，小人道消也。」

坤卦屬陰，乾卦屬陽。小指坤卦，大指乾卦。「小往」是坤卦到外卦的位置，「大來」是乾卦到內卦的位置。這說明，天地相交，陰陽相交。泰卦，內陽而外陰，內剛健外柔順，內君子而外小人，內長外消。

這明顯是「內實精神，外示安儀；見之似好婦，奪之似懼虎」也。

四、否　卦

否卦，外乾內坤，卦形為☰☷，也是乾卦與坤卦內外相錯而成。泰卦倒轉，泰極否來，故曰「否」。

《彖》曰：「否之匪人，不利君子貞。大往小來，則天地不交，而萬物不通也；上下不交，而天下無邦也。內陰而外陽，內柔而外剛，內小人而外君子。小人道長，君子道消也。」

這是典型的「外強中乾」。中國古今的花架子拳，花拳繡腿，都合否卦。一些暴打暴上的拳種也屬「外強中乾」。

五、臨　卦

臨卦，外坤內兌，卦形為☷☱。

《彖》曰：「臨，剛浸而長。說而順，剛中而應，大亨以正，天之道也。至於八月有凶，消不久也。」

《象》曰：「澤上有地，臨。君子以教思無窮，容保民無疆。」

臨卦是陽爻逼退陰爻的結果，坤卦退至外卦，故曰「剛浸而長」。長為生長，剛長而陰消，所以說是「臨」，即臨接、臨門之意。坤是地，兌是澤，故曰「澤上有地」，有「居高臨下」之意。這顯然是一個優勢卦。內外卦，也是這個意思，那就成了澤外有地，站在地上看沼澤，也是「居高臨下」。

《太極拳論》有「俯之則彌深」，地高而水深，這是「居高臨下」。如果說這是拳勢，倒不如說是臨戰的心理調整，對敵要有必勝的信念，這是最重要的。所以《象傳》才說「君子以教思無窮」，意思是用這種「居高臨下」的思想武裝頭腦，受益才是無窮盡的。「容保民無疆」，更是「高瞻遠矚」的戰略思維。

《太極拳論》還有「進之則愈長」，這更是「剛浸而長」。「剛浸」就是剛進，「而長」就是「愈長」。陽剛逼迫陰柔，要超越柔的長度。如此，陽進陰退。這是制柔之道。

這實質描寫的是「發勁」。當對方柔化的時候，不要急於發勁，要「逼」到對方山窮水盡，無路可退，方擊之。若對手有很大或相當的柔化空間，發勁擊之，收效甚微。故曰：「進之則愈長。」

「說」，此處之意為悅。內卦兌為悅，外卦坤為順，都利於行，即進。臨卦「說而順」，利於前進。

「八月有凶」，是陽逼陰從十一月的復卦☷☳開始，十二月為臨卦☷☱，正月為泰卦☷☰，到四月為乾卦，陽剛達到極盛。然後，從五月的姤卦，陰氣又開始生成，陰逐陽消。到七月的否卦☰☷，陰陽平衡。八月開始的觀卦☴☷，陰氣盛過陽氣，陰盛陽衰，故曰「八月有凶」。四月以前，陽進陰退，此後，陰進陽退。「剛浸而長」相對應，就是「柔退而短」，「短」就是短促。於是《太極拳論》有「退之則愈促」的論斷，即為對付發勁前進之長，化勁的退要短而促。這是易理的推論，太極拳法是理論的實踐。

六、觀　卦

觀卦，內坤外巽，卦形為☴☷。坤，內順而外柔；巽，內入而外退。

《象》曰：「風行地上，觀；先王以省方，觀民設教。」

對我們來講，主要的是「風行地上，觀」，抬頭向上看，故曰「觀」。「風」即是鳳，有鳳來儀，所以說是「入」，就是「來」，是退。觀卦是消息卦，代表八月，陰長陽消。

仰頭上望或從裏向外看，叫「觀」。

《彖》曰：「大觀在上，順而巽，中正以觀天下。」

《太極拳論》說：「仰之則彌高。」意思就是「中正以觀天下」，即立身中正，環顧四面八方。

《彖傳》還說「順而巽」。內卦坤是內順；外卦巽

是入，退。這裏的退是從「陰長陽消」講起的，同樣適於「退之則愈促」的論斷。太極拳的「引進落空」就是陰長陽消，就是「順而巽」，內順外入也！

七、損　卦

損卦，內兌外艮，卦形為䷨，來自泰卦䷊。泰卦的下卦減少（損）一個陽爻，上卦增加（益）一個陽爻，形成損卦，所以叫「損下益上」，或損內益外。《彖傳》說「損剛益柔」，即陽剛的乾（☰）損失一個剛爻，成為兌卦；而陰柔的坤（☷）增益一個陽爻，成為艮卦。

損卦，損內而益外。這正是外家拳的一個根本問題。西方拳擊，也是「損內益外」，重視外部體能的鍛鍊，卻忽略身體內部的修煉，形成「外強中乾」的體態。

所以，損卦不為太極拳所取。

《象》曰：「山下有澤，損；君子以懲忿窒欲。」

艮為山，處上卦位置；兌為澤，處下卦位置。澤是地上的一個有水的深坑，其中的土拋到山上，所以說是「損」。從內外卦看，是澤外有山。兌的內在屬性是「悅」，表現為「行」，是「悅而行」；艮的屬性是「靜」，表現為「止」。「悅」是慾望的滿足，是禍之根源，應該約束。故《象傳》說「君子以懲忿窒欲」。「忿」是不滿；「欲」是慾望，是貪婪。意思是，要懲戒不滿，限制慾望。如何做到「懲忿窒欲」呢？以「損」，就是以損為戒！

從拳理講，就是不要益外而傷內。

八、益　卦

　　益卦，內震外巽，卦形為☲。益卦來自否卦☷。將否卦的上卦減少一個陽爻、下卦增加（益）一個陽爻而成。所以叫「損上益下」，或「損外益內」。

　　《彖》曰：「益，損上益下，民說無疆。自上下下，其道大光。利有攸往，中正有慶。利涉大川，木道乃行。益動而巽，日進無疆。天施地生，其益無方。凡益之道，與時偕行。」

　　益卦內震外巽，震是動，所以說「動而巽」，巽是順的諧音，意順，故益卦是動而順，大吉大利。益卦，內震外巽，震進巽退，內進而外退。益卦的外卦損一個陽爻，卻補上一個陰爻，這是「滋陰補陽」，大補。故益卦是「益內補外」。從剛柔看，益卦與損卦相同，內外相反，也是「損剛益柔」，卻益內而損外。

　　所以從拳理看，益卦是「內充實而外柔順」，與損卦的「外強中乾」恰好相反。

　　太極拳完全建立在益卦的「益內補外」的理念上。

九、頤　卦

　　頤卦，內震外艮，卦形為☶。

　　「震」為動，為進；艮為靜，為止。故頤卦內動外靜，內進而外止。

　　《序卦傳》說：「物畜然後可養，故受之以頤；頤

者養也。」頤就是養。

《象》曰：「山下有雷，頤；君子以慎言語，節飲食。」

頤卦，上艮下震。艮為山，震為雷，故曰「山下有雷」。春雷動，樹木生，君子效仿以修養。

頤卦是養生卦，太極拳之養生合此卦。

十、大過卦

大過卦，內巽外兌，卦形為☱☴，與頤卦是錯卦，六爻陰陽完全相反（錯）。

《彖》曰：「大過，大者過也。棟橈，本末弱也。剛過而中，巽而說行，利有攸往，乃亨。大過之時大矣哉！」

《彖傳》的解釋，說它是「巽而說（悅）行」，是內順（巽）外悅（利）行（動），所以亨通。

是否如此？《彖傳》自己的話是矛盾的。說它「大者過也」，即太過了；又說「剛過而中」，即四個剛爻都集中在中間，「過而中」；同時兩端兩個陰爻，所以「本末弱」。這都非常不利。最後說「大過之時大矣哉」！說「大過」實在太過了。

《象傳》說：「澤滅木，大過，君子以獨立不懼，遁世無悶。」

巽是木，兌是澤，木在澤內，滅頂之災，所以是「大過」，太過頭了。「君子獨立不懼，遁世無悶」，顯然是不顧後果的獨夫行為。

《太極拳論》的「無過不及」，既是預警，也是方法。蓋由此也！

十一、小過卦

小過，內艮外震，卦形為☳☶。

這一卦，有四個陰爻，二個陽爻，陰柔過度。由於陽被認為是「大」，陰被認為是「小」，所以稱為「小過」。

《彖》曰：「小過，小者過而亨也。過以利貞，與時行也。柔得中，是以小事吉也。剛失位而不中，是以不可大事也。有飛鳥之象焉，飛鳥遺之音，不宜上宜下，大吉；上逆下順也。」

陰為小，所以「小事」可以行得通，即小的過度，行得通。小過卦的兩個剛爻，處於三、四的位置；九三得位而失中（不在中位二），九四不得位（失位）又不得中（不在五的位置上），所以大事不成。這個卦的四個陰爻像鳥的兩個翅膀（翼），故有「飛鳥之象」。飛鳥的叫聲，一過而止，所以稱「遺音」。這種飛鳥叫聲，向下傳而不向上傳，故曰「不宜上宜下」，因為向上逆，向下則順。

此外，艮是靜止；震為動為進。所以，該卦是內靜而外動，內止而外進。

如上，小過卦是大不（能）過而小（可以）過；內（下）順而外（上）逆；內靜而外動；外進而內止。

從太極拳理來講，是典型的「無過不及」。

十二、既濟卦

既濟卦，內離外坎，卦形為☵☲。

既濟卦，陽爻全部在奇數位置；陰爻全部在偶數位置，全部得正；而且九五陽爻得中，六二陰爻得中，相互對應；陰陽爻相間分佈，陰陽相濟，故曰「既濟」。

卦辭說：「既濟，亨，小利貞，初吉終亂。」預測不是很好。這豈不是與卦形矛盾？非也。

因為，既濟卦再也沒有多少活動的預留空間，所以卦辭說「小利貞」，即還有一點小利可圖的空間；又說「初吉終亂」，這是預警性的話，就開始有老本可吃，等吃完了，就走向反面。

所以說，既濟卦只能是一種追求的目標，而不能是一個結果。所以《太極拳論》說「階及神明」，而不說達到了「神明」。「階及」是追求的過程。

《象》曰：「水在火上，既濟；君子以思想而豫（預）防之。」

既濟卦的上（外）卦是坎，坎是水；下（內）卦是離，離是火。無論水在火上，或是火在水內，都要熄滅，故曰「既濟」。這是警句，所以「君子」要想到加以預防。

既濟卦，內離外坎。離的屬性是「附」，坎的外表是「聽」，既濟卦是內附而外聽，是很謹慎的。它告訴人們，「陰陽相濟」是人們習練太極拳的追求「神明」的過程，「神明」之境是習練太極拳的追求目標。即或是達到

了「神明」之境，也要「君子以思想而豫（預）防之」，不能自滿，滿則招損。

既濟卦☵再多行一步，就成了未濟卦☲。所謂「差之毫釐，謬之千里」。

以上是《易經》，也是《太極拳論》的「一以貫之」之理，故《太極拳論》說：「雖變化萬端，而理唯一貫。」

十三、未濟卦

未濟卦是《易經》六十四個卦的最末一個卦，內坎外離，卦形為☲。

未濟卦與既濟卦陰陽爻的位置相錯。這一錯，陰陽六個爻完全錯位，該陽不陽，該陰不陰，互不相濟，是六十四個卦中最差的卦。未濟卦六爻全都不正，形象極端惡劣，陰陽分離。因此，它象徵一切要重新開始，故名「未濟」，六十四卦之末。

未濟卦雖卦象極差，然而它並不是事務的終結。

《象》曰：「火在水上，未濟；君子以慎辨物居方。」

未濟卦的上卦離是火，下卦坎是水。火向上焚，水向下流，背道而馳。事不成也。所以，人們以它慎重「辨物居方」，即辨別事物和起居方位，《繫辭》說「物以群分，方以類聚」，就是這個意思。

具體到太極拳，未濟卦上下分離，裏外分離，內部各爻分離，可以說，周身完全不協調也。

　　然而，還有另外的解釋：陰陽未濟是無極之初，太極之始，或曰「返璞歸真」。

　　民初，北京有太極拳大家宋書銘者，有《無極歌》，即持此解，歌曰：

> 無形無象無紛挐，
> 一片神行至道誇；
> 參透虛無根蒂固，
> 渾渾沌沌樂無涯。

　　至此，共剖析了《易經》中十三個卦的內外卦。看來，太極拳的全部理論，都可被這十三個卦涵蓋。太極十三勢，是否也可由此得到淵源上的解釋。

第三節　內外卦在對抗雙方的體現

　　在敵我雙方對抗中，內外卦是敵我雙方在一個統一的六十四卦中。從哲學的角度看，他們是一種陰陽消長轉化的過程，對抗雙方是一種陰陽互補和轉化關係，彼此的狀態、得失、被動與主動、優勢與劣勢等等都是互為因果。這樣《易經》就為其指出一條明路。

一、雙方狀態

　　這裏，我們講的狀態是剛柔。

我們以乾卦為例，加以剖析。乾卦內外卦都是乾，六爻皆剛。這會是什麼狀態呢？我們看看《象傳》是怎樣講的。

　　《彖》曰：「大哉乾元，萬物資始，乃統天。雲行雨施，品物流形。大明始終，六位時成，時乘六龍以御天。乾道變化，各正性命，保合大和，乃利貞。首出庶物，萬國咸寧。」

　　《象》曰：「天行健，君子以自強不息。」

　　這裏講的意思是，乾為天，大地萬物皆由天所賜。然而，這裏有句話「乘六龍以御天」，「六龍」指乾卦六爻都是陽剛。這還不算問題的終點，在爻辭上九說「亢龍有悔」，「亢」是太高了，物極則反，故「有悔」。告訴你，要收斂，唯乾卦和坤卦有「用九」和「用六」的爻辭斷語以補不足。乾卦的「用九」說「見群龍無首，吉」。意思是，不要只看到六條龍在駕御，還要看到「群龍無首」的不利方面，才化凶為吉。於是《象傳》說「天行健，君子自強不息」。意思是，天的運行是剛健，為君者更要自強不息，一刻也鬆懈不得。

　　現在談到對抗雙方，皆陽剛，都是駕御六條龍飛行在天；都是高高在上，達到極限；都是群龍無首地橫行亂闖；都是自強不息，勇往直前。其結果可見矣！那就是雙方「牛鬥」，在太極推手中叫做「頂牛」。

　　於是孔子說：「亢之為言也，知進而不知退，知存而不知亡，知得而不知喪。其唯聖人乎？知進退存亡，而不失其正者，其唯聖人乎？」

　　「亢」在此我們可以理解為二人對抗如兩頭牛頂

架，知進不知退，知存不知亡，知得不知失，這哪裡是「聖人」？聖人可理解為太極拳者。知進退、存亡、得失之道，才是太極拳高手。

清代槍術大家吳殳在《手臂錄》中說：「蓋彼以硬進，我以硬進抵，兩家用力，是為犯硬。力弱者必敗，或力同而鬥久，何能必勝？」

這正是《太極拳論》講的「有力打無力，手慢讓手快，是皆先天自然之能，非關學力而有為也！」

二、互為因果

我們說，搏擊雙方的得失、主動與被動、優勢與劣勢，都互為因果，缺一方則另一方也不存在。這恰是《易經》所推論的內容。

我們以損卦☳為例說明。

損卦是內卦兌，外卦艮，是由泰卦☷的下（內）卦減（損）一個陽爻，補（益）到上（外）卦的上位而成。所以叫「損下益上」。

損卦下卦兌為澤，上卦艮為山，所以《象傳》說：「山下有澤，損；君子懲忿窒欲。」「山下有澤」就是挖澤中之土以益山之高，澤深而山高，一失一得。

我們分析這個過程。原本的泰卦，內（下）卦三爻皆為陽剛；外（上）卦三爻皆陰柔。一失過分剛硬，一失過分柔弱，過剛則僵滯，過柔則失勢。怎麼辦？剛的一方要減少（損）剛力，柔的一方要增加（益）剛勁，以求平衡。

這樣的過程，在太極拳中隨處可見。

例如，雙方推手，對抗雙方就是益損關係。推手是以一方平衡而另一方力圖破壞其平衡為競爭目標的。

我們換個角度看推手，一方是把對方當做一支拐杖看待的。當他一不平衡，就企圖把對方抓住、扶住或摟抱住，這個表現就是一損一益。這時，另一方應該怎麼辦？就是不當「拐杖」，他一抓、一扶、一摟、一抱，都讓他抓空、扶空、摟空、抱空，即所謂「一羽不能加，蠅蟲不能落」。雙方的關係是「互為因果」。

我們再舉一個益卦的例子。

益卦震下（內）巽上（外）䷩。它是否卦䷋的上卦減少（損）一個陽爻，下卦增加（益）一個陽爻而成，損上而益下。

《象》曰：「風雷，益；君子以見善則遷，有過則改。」

上卦巽是風，下卦震是雷。風助雷威，雷增風勢。「見善則遷」是趨優，「有過則改」是避劣，就是轉化劣勢為優勢。

我們舉太極推手之例：

對方抓住我之手臂，用大力挒之；我向後拽，奪之，成為否卦，否卦上乾下坤，天在地上，天上浮而地下沉，天地不交，形成爭奪。此時，與頂牛相同，力小者必敗，力等則鬥久。怎麼辦？力小者突然變奪為送，力大者必然失勢，轉優為劣，跌出。這就是乾（力大方）損一個陽爻增益給坤（力弱方），卦象從否卦轉為益卦。也是互為因果，奪是因而跌為果。

　　再舉一例：

　　對方大力按我，我以弱勢一方與之相抗，形成泰卦☷☰，天地相交，互為犄角，力大者必勝。此時，力小者突然鬆開，力大者必定前跌。但是，力小者如果不能迅速脫開正面，成為了「擋箭牌」，對方跌倒也撲在一方身上，力小者仍不能擺脫泰卦的控制。所以，放開對方的大力，必須空出正面，向前進；我向前進，彼向前跌，存亡定而勝負分。又是互為因果，前撲為因，前跌為果。

　　《易經》的每一個卦，都可以作這樣的內外卦剖析，找出因果，以提高太極拳藝。

第六章 王宗岳《太極拳論》的易理

《史記》《孔子世家》說：「孔子晚喜易，序彖、象、說卦、文言，讀易，韋三絕。」

孔子時，書是漆寫在竹簡上，用皮帶把竹簡編串上，叫「韋編」。說孔子讀易，編串竹簡的皮帶斷了三次，可見讀的遍數之多。

《論語·述而》說，孔子說：「加我數年，五十以學易，可以無大過矣。」

後世說《十翼》即《易傳》是孔子之作。《繫辭傳》（上下）是十翼中最重要的論述，是對《易經》的總體解釋，使得《易經》不僅是占卜，更昇華為高度概括的哲學理論。它使《易經》成了中國傳統文化的一切方面，涵蓋歷史、天文、地理、人文、醫學、軍事、政治、工程、科學、技術、藝術等的基礎理論。

王宗岳的《太極拳論》是太極拳的經典理論著作，從王宗岳的基本觀點看，可以說完全出於《易經》，而《繫辭》（上下）則是《易經》的昇華。下面我們從《繫辭》解析王宗岳《太極拳論》。

王宗岳《太極拳論》:

太極者,無極而生,動靜之機,陰陽之母也。

動之則分,靜之則合。

無過不及,隨曲就伸。

人剛我柔謂之走,我順人背謂之粘。

動急則急應,動緩則緩隨。

雖變化萬端,而理惟一貫。由招熟而漸悟懂勁,由懂勁而階及神明。然非用力之久,不能豁然貫通焉!

虛領頂勁,氣沉丹田,不偏不倚,忽隱忽現。左重則左虛,右重則右杳。仰之則彌高,俯之則彌深。進之則愈長,退之則愈促。一羽不能加,蠅蟲不能落。人不知我,我獨知人。英雄所向無敵,蓋皆由此而及也!

斯技旁門甚多,雖勢有區別,概不外壯欺弱、慢讓快耳!有力打無力,手慢讓手快,是皆先天自然之能,非關學力而有為也!

察「四兩撥千斤」之句,顯非力勝;觀耄耋能禦眾之形,快何能為?!

立如平準,活似車輪。偏沉則隨,雙重則滯。每見數年純功不能運化者,率皆自為人制,雙重之病未悟耳!

欲避此病,須知陰陽。

粘即是走,走即是粘;陰不離陽,陽不離陰;陰陽相濟方為懂勁。

懂勁後愈練愈精,默識揣摩,漸至從心所欲。

本是「捨己從人」,多誤「捨近求遠」。所謂「差之毫釐,謬之千里」,學者不可不詳辨焉!是為論。

以下，為簡單起見，王宗岳《太極拳論》一律簡稱《太極拳論》。

《太極拳論》是對太極拳高度概括的理論之作，它不是具體的練習方法，是指導性的，而不是操作性的。《易經》是可操作的占卜方法，太極拳也是可操作的，它們有共同性，即都是方法。

《繫辭》是對易經的高度概括，對如何學習易經具有指導性。就此而言，《繫辭》與《太極拳論》有異曲同工之妙。《太極拳論》僅是用「太極陰陽學說」論述太極拳規律，而《繫辭》涵蓋的內容則包含天地萬物的規律法則。因之，本書只從太極拳的角度進行討論，而不是討論《繫辭》的全部，不作牽強附會的解釋。

第一節　陰陽論

有關陰陽的論述，《太極拳論》有：

「太極者，無極而生，動靜之機，陰陽之母也。」

「立如平準，活似車輪。偏沉則隨，雙重則滯。每見數年純功不能運化者，率皆自為人制，雙重之病未悟耳！欲避此病，須知陰陽。」

「陰不離陽，陽不離陰，陰陽相濟，方為懂勁。」

「由招熟而漸悟懂勁，由懂勁而階及神明。」

這裏，從太極學說開始，對太極拳理進行概括，都歸結到以陰陽來解釋。首先，什麼是「太極」？它說是「陰陽之母」。其次講「雙重」，如何避免雙重？它說

「須知陰陽」。再講「懂勁」，它解釋是「陰不離陽，陽不離陰，陰陽相濟」。又說「由懂勁而階及神明」就是說，由「陰陽相濟」而「階及神明」。

這是《太極拳論》的理論思想體系。

我們再來看《繫辭傳》有關「陰陽」的論述：

原文：

「是故，易有大極，是生兩儀，兩儀生四象，四象生八卦，八卦定吉凶，吉凶生大業。」

「大極」，後人皆稱之為「太極」，就是天地未分、萬物未生的初始階段，古人稱之為「渾沌世界」，後又有人稱之為「無極」。大極的意是大到極限，宇宙的初始，渾沌世界。《繫辭上傳》的這種宇宙創成說是典型的「一分為二」觀點。它來源於《易經》，即源於中國三千年前的哲學原理。《太極拳論》的理論依據，就是《易經》。

「兩儀」即陰陽，由符號--（陰）和—（陽）表示。「四象」由兩個陰陽符號組成；八卦由三個陰陽符號組成；易經六十四卦由六個陰陽符號組成。所以，我們把太極學說常稱做「太極陰陽學說」。

陰陽是兩個對立的抽象概念。我們不能停留在陰陽上，停留在陰陽就成了神秘的玄學，即不可解釋。

陰陽在《易經》中是表徵太極之兩儀，即對立統一體的兩個對立因素，矛盾的兩個方面。在《易經》中最常出現的是天（陽）地（陰）、乾（陽）坤（陰）、剛（陽）柔（陰）、動（陽）靜（陰）、吉（陽）凶

（陰），所謂「乾坤成列，而易立乎其中矣」。如此，陰陽就不再抽象，成為實實在在的具體有形的事物。故曰：「形而上者謂之道；形而下者謂之器。」就是形象之上的抽象，稱做「道」，即道理、原理、法則；具體而有形者，稱做「器」，即器物、事業、工具、技術，都是具體可見的。太極拳的技術是「器」的層次，而拳理則是「道」的層次。《易經》中的陰陽，屬於理論層次。所以《繫辭上傳》說「一陰一陽之謂道」。

原文：

「一陰一陽之謂道，繼之者善也，成之者性也。」

其意思是，陰陽的原理，繼承它會得到好處；有所成就是人性使然，即人之本性。

《太極拳論》提出「須知陰陽」，就是「繼之者善也，成之者性也」。

《繫辭上》還提出「陰陽不測之謂神」，這句話是什麼意思呢？

原文：

「生生之謂易，成象之謂乾，效法之謂坤，極數知來之謂占，通變之謂事，陰陽不測之謂神。」

這段話的意思是，天地萬物生生不已是《易經》的內容；「成象」指天象，即星辰日月之運行，這是乾，乾是天；「效法」是遵守法則，是理，坤是地，即地理；「極數」即推演數到極限，知道未來，叫做「占」，即占卜；繫辭對「通」的解釋是「往來不窮」，所以「通變」

是往來不窮的變化，這是事業；能預知陰陽不測的未來，就是「神明」了。

如何能預知「陰陽不測」？《太極拳論》提出「由招熟而漸悟懂勁，由懂勁而階及神明」。

「招」是技術，屬「器」，可見之器。

「懂勁」，《太極拳論》解釋為「陰陽相濟」。《易經》有「既濟」卦，既濟卦六爻陰陽相間，初、三、五皆陽爻；二、四、上皆陰爻，六二、九五都是得位得正，陰陽相應，互相輔佐，是上上卦，大吉，故曰「既濟」，即「陰陽既濟」。《太極拳論》稱做「陰陽相濟」。「相」與「既」也有區別，「相」是相互，是過程，是動態；「既」是既成事實，為靜態。前者未成，後者已成。

陰陽相濟」，在一些拳論中亦稱「陰陽既濟」，這是根據《易經》的說法，恐不恰當。

《太極拳論》講了許多陰陽相濟的具體內容，如「無過不及」「隨曲就伸」「人剛我柔」「我順人背」「動急則急應」「動緩則緩隨」。說這些變化很多，然而道理是一個，顯然是易理。這些既是相互間，也是動作，非常明確。

第二節　神明論

《太極拳論》說：「由懂勁而階及神明」。「神明」一詞來自《繫辭上傳》。

原文：

「是故，夫象，聖人有以見天下之賾，而擬諸其形容，象其物宜，是故謂之象。聖人有以見天下之動，而觀其會通，以行其典禮，繫辭焉，以斷其吉凶，是故謂之爻。極天下之賾者，存乎卦；鼓天下之動者，存乎辭；化而裁之，存乎變；推而行之，存乎通；神而明之，存乎其人；默而成之，不言而信，存乎德行。」

這段話是《繫辭上傳》的總結。

《太極拳論》說：「立如平準，活似車輪。偏沉則隨，雙重則滯。每見數年純功不能運化者，率皆自為人制，雙重之病未悟耳！」又說：「欲避此病，須知陰陽；粘即是走，走即是粘；陰不離陽，陽不離陰；陰陽相濟，方為懂勁。懂勁後，愈練愈精。默識揣摩，漸至從心所欲。」

《太極拳論》還有一段：「由懂勁而階及神明。然非用力之久，不能豁然貫通焉！」

對照《太極拳論》與《繫辭》兩者的說法，《太極拳論》是把《繫辭》的論述具體化為太極拳了。

我們看，「化而裁之」是招熟也；「推而行之」，懂勁也；「神而明之，存乎其人」，「階及神明」也。

再看，「默識揣摩，漸至從心所欲」，不正是「默而成之，不言而信，存乎德行」嗎？此處之「德行」，即「從心所欲」也。此處之「豁然貫通」，也是「德行」。

第三節　消長論

「陰陽消長」是易經的一個理論，即陰陽的關係是「此消彼長」。

《易經》的「消息卦」，陽氣漸漸升長，逼迫陰氣消退。陽氣從十一月的復卦☷☳開始到十二月，陽氣上升逼陰氣消退，成為臨卦☷☱。如此，經正月、二月、三月，到四月成為乾卦☰，陽氣達到極盛。然後，從五月陰氣又開始生成，逼迫陽氣消退，成為姤卦☰☴。此後，陰升陽退，到十月，成為坤卦☷，陰氣達到極盛。如此循環不已。

《太極拳論》中，大量應用「陰陽消長」的理論，例如「無過不及」「隨曲就伸」「人剛我柔」「我順人背」「動急則急應」「動緩則緩隨」「不偏不倚」「忽隱忽現」「左重則左虛」「右重則右杳」「仰之則彌高」「俯之則彌深」「進之則愈長」「退之則愈促」「人不知我，我獨知人」等等。太極拳理，盡在「陰陽消長」之中，它有非常重要的指導作用。

我們舉一個例子：

乾卦六爻皆剛，卦形為☰，陽剛之極也。太極拳勢落入乾卦，就是「雙重」，就必然像《太極拳論》指出的「率皆為人制」，必敗無疑！

「雙重」是什麼？

《太極拳論》說：「偏沉則隨，雙重則滯。」「偏」指左右，「沉」指上下。左右就是「左重則左虛，

右重則右杳」，也就是人身之左右不能同時是實的，同時是實的，就是「雙重」，就僵化。「上虛下實」曰「沉」。《太極拳論》說：「虛領頂勁，氣沉丹田」，就是上虛下實。若全身上下皆實，也是「雙重」，周身僵化。

然而，《易經》卻推出個「雙虛」，這在《太極拳論》中是未曾提及的，也不成。左右全虛，上下全軟，也必敗無疑！這就是《易經》的預見性，具有理論上的指導意義。

第四節　動靜論

《繫辭上傳》對動靜的論述有：

「夫乾，其靜也專，其動也直，是以大生焉。夫坤，其靜也翕，其動也闢，是以廣生焉。」

「夫易，廣矣大矣！以言乎遠，則不禦；以言乎邇，則靜而正；以言乎天地之間，則備矣！」

「易有聖人之道四焉，以言者尚其辭，以動者尚其變，以制器者尚其象，以卜筮者尚其占。」

「是故，闔戶謂之坤；闢戶謂之乾；一闔一闢謂之變；往來不窮謂之通；見乃謂之器；制而用之謂之法；利用出入，民咸用之，謂之神。」

《易經》把乾和坤看做對立的兩個系列的代表，故曰「乾坤成列」。乾代表天、剛、動等屬性為陽的系列；坤代表地、柔、靜等屬性為陰的系列。然而，從第一段繫

辭看，乾不但包含動，還包含靜；坤也包含動、靜兩面。這個說法，顯然是從「太極分兩儀，兩儀生四象」來的。四象為老陽（⚏）、老陰（☷）、少陽（⚎）、少陰（☳）。少陽少陰都是陽中含陰，陰中含陽。太極拳《十三勢歌》有「靜中觸動，動猶靜」，顯係「其靜也專，其動也直」和「其靜也翕，其動也闢」。

武禹襄《十三勢行功要解》說：「發勁須沉著鬆靜，專注一方，所謂『靜中觸動，動猶靜』也。」正是「夫乾，其靜也專，其動也直」。「乾」發勁也。

「翕」是合；「闢」是開。「坤」蓄勁也，蓄是靜，是合，蓄的目的是發，所以，其動也是開。

《太極拳論》中的「動靜之機」「動之則分，靜之則合」的原理源於易理，是確定的。這裏的「機」是「機關」，或古稱「消息」，是撥動機關的撥機。撥動它，機器就運行起來，或停止運行。這裏講的「動靜」即「器」也；太極拳則為「拳」也。主導動靜者，「太極」也，故曰「太極拳」。王宗岳為之作《太極拳論》。

說到《易經》，太廣大了！說遠，駕御不了它；說近，「則靜而正」。「靜而正」不動搖也。

又說《易經》包含「聖人之道」有四個，其中之一是「以動者尚其變」。這說出了「動」的本質，即「變」，變化。孔子說：「知變化之道者，其知神之所為乎！」古時把神作為命運的主宰，孔子這句話道出「神之所為」，即規律性的東西，「變化之道」，變化的規律。《太極拳論》講的不是別的，就是太極拳的變化規律！

最後一段話是總結性的。

「闔戶」是關門；「闢戶」是開門。坤靜乾動，一靜一動謂之變化。太極拳盡在一靜一動的變化之中。

這裏提出一個「門戶」的概念。「門戶」成了以後中國各種技藝的傳承概念，太極拳是諸多拳技的門戶之一。故《太極拳論》說「斯技旁門甚多」。王宗岳把「壯欺弱」「有力打無力」「手慢讓手快」，都列入「旁門」，以突出太極拳之正道。這是否正確？仁者見仁，智者見智吧！

《太極拳論》列出了一個「正門」標準，是這樣說的：「察『四兩撥千斤』之句，顯非力勝。觀耄耋能禦眾之形，快何能為！」如此標準，足夠習練太極拳者追求一輩子了。

這段結論說：「往來不窮謂之通。」「窮」是斷、終結的意思。「通」，我們可以從「窮」中尋找。《繫辭》下傳說「易窮則變，變則通，通則久。」這裏本來論述的是哲學原理，一條道路當你走到盡頭時，或一件事行不通的時候，就得改變路線或主意，就行得通了，行得通則長久。

太極拳本著「往來不窮」得到啟發，說「太極拳，一名長拳，又名十三勢。長拳者，如長江大河，滔滔不絕也。」

至於器、法、神，前面已有解釋，不再贅言。

第五節　剛柔論

《太極拳論》對「剛柔」論及不多，直接論剛柔，僅有一句話：「人剛我柔謂之走。」

間接論及剛柔，則用了一段話：「本是『捨己從人』，多誤『捨近求遠』。所謂『差之毫釐，謬之千里』，學者不可不詳辨焉！」

《易經》中的剛柔，其含義並不是太極拳中的剛柔，乃是泛指的兩種性質對立的符號，然而就其性質而言，卻涵蓋了太極拳的剛柔。在一定的條件下，我們也可以把它們視做太極拳的剛柔。

下面，我們把《繫辭》上下傳中有關剛柔的論述，結合太極拳作出解釋。

一、動靜有常，剛柔斷矣

此言出自《繫辭上傳》，原文如下：

「天尊地卑，乾坤定矣。卑高以陳，貴賤位矣。動靜有常，剛柔斷矣。方以類聚，物以群分，吉凶生矣。在天成象，在地成形，變化見矣。」

這裏把「動靜」與「剛柔」聯繫起來。動者剛勁，靜者柔順。「常」是經常，即動靜是經常性的；「斷」是斷定，是一時性的。動靜斷定剛柔，主從定矣。這個關

係，左右宇宙萬物。

我們再看太極拳，也遵從這個規律，一動一靜決定剛柔。不出手，剛柔不定；一出手，剛柔就定了。

二、剛柔相摩，八卦相蕩

原文：

「是故，剛柔相摩，八卦相蕩。」（《繫辭上傳》）

「摩」是摩擦，相接觸而摩擦。本指卦中六個爻相互之間的關係，太極拳論把它擴大為對抗雙方之間的狀態，提出「人剛我柔謂之走」。這裏「走」是行拳走勢的意思。「走」對應「摩」，彼我雙方之勢。

「人剛我柔」，顯然含「以柔克剛」的意思。但是，「剛柔相摩」卻不僅是「人剛我柔」，也含對立的「人柔我剛」。《太極拳論》只提「人剛我柔」，顯然是不主張「人柔我剛」。那麼，遇到「人柔」，即對方用柔的時候，太極拳如何處理呢？顯然，《太極拳論》沒有給出明確的答案。此時，剛就發生作用。

「八卦相蕩」，是指八個上下卦錯開，構成六十四個卦。「八卦」是由三個爻組成，每個爻都可以是剛（陽）或柔（陰）。情況就更複雜了。八卦再「相蕩」，成六十四卦，含天下之萬物。卦辭與爻辭有說明，請讀者參閱第三章。

三、剛柔相推，變在其中

原文：

「聖人設卦觀象，繫辭焉而明吉凶，剛柔相推而生變化。」（《繫辭上傳》）

「八卦成列，象在其中矣。因而重之，爻在其中矣。剛柔相推，變在其中矣。繫辭焉而命之，動在其中矣。」（《繫辭下傳》）

「推」是推測、推斷、推演，「相推」是由此及彼，「剛柔相推」是由剛及柔或由柔及剛。

又說「剛柔相推而生變化」。這個變化是吉（好）是凶（壞）？答覆是「繫辭焉而明吉凶」，即從《繫辭》中尋找答案。

我們詮釋太極拳，《太極拳論》告訴我們「本是『捨己從人』，多誤『捨近求遠』，所謂『差之毫釐，謬之千里』。」

「剛柔相推」，必須熟知剛柔的性質。《繫辭》說：「是故，吉凶者失得之象也。悔吝者，憂虞之象也。變化者，進退之象也。剛柔者，晝夜之象也。六爻之動，三極之道也。」

《繫辭》解釋說：吉凶是失得的表現；悔吝是憂虞的表現；變化是進退的表現；剛柔是動（晝）靜（夜）的表現。六爻的變動是「天、地、人」的道理。

如此，剛柔相推，就成了進退、動靜的變化了。

《太極拳論》則把進退和動靜的變化以太極拳的原理而專業化，提出「進之則愈長，退之則愈促」和「動之則分，靜之則合」。它的意思是：發勁要長，要透過敵人的身體；化勁要短促，不能沒完沒了地「化」，所謂「化即是打」，化打結合，才能不敗。凡此，皆「失得」也，卦曰「吉凶」。

　　於是，《繫辭》總結：「爻象動乎內，吉凶見乎外，功業見乎變，聖人之情見乎辭。」又說：「剛柔者，立本者也。」

　　意思是，剛爻和柔爻在內部變動，表現為外部的得失，剛柔的性質，是根本。

　　習練太極拳，其根本是「剛柔」。《易經》使人們「茅塞頓開」。

　　《繫辭下傳》說：「知剛知柔，萬夫之望。」習練太極拳，就是「知剛知柔」，大家的追求也。

四、陰陽合德，剛柔有體

　　《繫辭下傳》說：「陰陽合德，而剛柔有體，以體天下之撰，以通神明之德。」

　　這裏的「德」是品質，「道德」即合乎「道」、自然規律。「體」是有形的物體。

　　這段話的意思是，陰陽變化合乎自然規律；剛柔作為有形體之物，體現天下的造化，以達到神明的境界。

　　這段話，對《太極拳論》中的「階及神明」作了更

深層的解釋。

《太極拳論》說：「陰陽相濟，方為懂勁。」陰陽相濟就是「陰陽合德」。又說：「懂勁後愈練愈精，默識揣摩，漸至從心所欲。」

孔子說：「吾十有五而志於學；三十而立；四十而不惑；五十而知天命；六十而耳順；七十而從心所欲，不逾矩。」

《太極拳論》的「從心所欲」是聖人的最終境界，就是「通神明之德」，《太極拳論》曰「階及神明」。這裏對「階及神明」又有一層解釋，即「剛柔有體」，是天下的造化，自然規律也。孔子說「不逾矩」，就是不違反自然規律，所以太極拳的「神明」，就是掌握拳的規律，達到從心所欲的程度。其根本，乃是「陰陽合德，而剛柔有體」。從這句話，再挖一個深層含義，「陰陽合德」更為根本，剛柔乃「體」也，即體現於外者。

五、柔之為道，不利遠者

《繫辭下傳》：「二與四，同功而異位，其善不同，二多譽，四多懼，近也。柔之為道，不利遠者，其要無咎，其用柔中也。三與五，同功而異位，三多凶，五多功，貴賤之等也。其柔危，其剛勝邪？」

六個爻，二與四都是陰位，功能相同而位置不同，其結果也不同；二的位置好，四的位置不好，因為四與五太近；五是君位，伴君如伴虎。「柔」的本質是柔弱，必

須有所依附，遠了沒用；重要的是安全，柔的用處是中庸之道。三與五都是陽位，三在下卦頂，頂則滿，陽剛過度，又處下卦，故「多凶」；五在上卦中的君位，剛強又處領袖地位，故「多功」，這是地位不同之故。是否柔危險而剛必勝呢？這並不一定，還要看剛柔所處的位置，也就是當時的狀態。

《太極拳論》「本是『捨己從人』，多誤『捨近求遠』」，就是從《繫辭下傳》的上述理念出發得出的結論。「柔之為道」要捨己從人；「不利遠者」因為捨近求遠了。王宗岳警告說「差之毫釐，謬之千里」。

《繫辭下傳》又說：「凡易之情，近而不相得則凶。」這句話的意思是，《易經》的情理就是：一個柔弱者與一個剛強者作為鄰居，相處不好，則凶多吉少。太極拳用《易經》的這個理念，得出「捨己從人」的結論，從「捨己從人」理念出發，創造出「粘連黏隨」的技擊方法，這是中國拳術的偉大發現和創舉，把「弱能勝強」變為現實！

六、剛柔雜居，吉凶可見

原文：

「八卦以象告，爻彖以情言；剛柔雜居，而吉凶可見矣。」（《繫辭下傳》）

《象傳》是以三個爻的八卦解釋的，爻和彖傳是以萬物之情況解釋卦辭的。六爻之中，剛爻和柔爻混雜排

列,吉凶由此可見。

《易經》中每個卦有六個爻位,每個爻位有剛(陽)柔(陰)兩種爻(符號)可占,故構成六十四個卦。這六十四卦包含剛爻和柔爻的各種可能的排列,所以說是「剛柔雜居」。

「吉凶可見」是占卜的結果。然而,我們以太極拳切人,成了太極拳的得失,也就成為太極拳的理論之源。

第六節　感而遂通,唯變所適

一、感而遂通

《繫辭上傳》:「易無思也,無為也,寂然不動,感而遂通天下之故。非天下之至神,其孰能與於此!」

這種「無思」「無為」的思想,貫徹太極拳的始終。例如《太極拳論》的「一羽不能加,蠅蟲不能落」,就是這種無思無為境界。這種境界,不是思想和行為能做到的。無思無為,是老子的哲學思想,是道教崇奉和修煉的原則和目標。所以,太極拳有濃厚的道教色彩,其修煉方法多採自道家學說和道教的修煉。

如何達到無思無為之境呢?《繫辭》指出「寂然不動,感而遂通」,意思是「靜」和「感應」。這就是太極拳理了。「靜」和「感」是共生共存的統一體,只有安靜

下來，才能感知到。這就是太極拳的「聽勁」。聽勁為了「化勁」，聽勁是資訊，化勁是行為，它們的契合是「感」，故曰「感而遂通」。

「一羽不能加，蠅蟲不能落」是化勁的境界。如何達到？回答是「感而遂通」，是「感應」，比「感知」還進一步，即感覺到了，同時就反應，「快」之極也！

「感知」就是太極拳的「聽勁」，而「感應」則是太極拳的「化勁」和「發勁」，所謂「化即是打」也。

在激烈和迅速的技擊對抗中，靠思維是不成的，反應太慢了，必須靠「感應」，一感就應，感知和行為一步到位。太極拳的「用意不用力」，就是這個意思。

我們舉一個乒乓球比賽的例子。當對方發球時，你看不清他發的球是上旋還是下旋，球過來，你一抖手就把球擊回去了。靠什麼？就是感應，反應對了，球就擊回去了；反應錯了，球就被打飛。太極拳也是這個道理。

至於「一羽不能加，蠅蟲不能落」能不能做到？恐怕只是一個比喻而已。

二、唯變所適

《繫辭下傳》：「易之為書也，不可遠；為道也，屢遷。變動不居，周流六虛，上下無常，剛柔相易。不可為典要，唯變所適。」

意思是說：《易經》雖然是一部偉大的著作，但不能流行時代太長遠；作為一部理論著作，也常改動；卦的

變動，不居一格，爻在六個虛位上流動，上下的位置不是固定的，剛柔相互變易。它不可當做死的教條，必須適應情況的變化而變化。

太極拳的原理，也不是一成不變的。《太極拳論》的精神，也是「唯變所適」，沒有任何讓我們用它到處去生搬硬套的意思，所論述的具體內容也是有條件的。

例如：拳論說「概不外壯欺弱、慢讓快耳」，我們就不能得出結論「弱欺壯、快讓慢」；又說「有力打無力」，我們就非說「無力打有力」不可。《太極拳論》僅說，這些都是「先天自然之能」，誰都懂又誰都會，用不著去「拜師學藝」。

《易經》充滿辯證法，《太極拳論》也是辯證法。

第七章　宋遠橋太極功的易理

　　我們用這一章結束本書。

　　這裏提出宋遠橋太極功（拳）。

　　太極拳有許多流派，如楊派、吳派、武派、李派、趙堡派等等。這些流派的拳理，從他們的拳譜主要部分看，均為王宗岳《太極拳論》。本書第六章，對王宗岳《太極拳論》的易理進行了剖析。這裏提及的吳派，指吳鑒泉傳授的太極拳，從公開的傳承看，來源於楊派，然而，傳到吳鑒泉，卻出現了一段傳奇性的插曲。

　　時間在1912—1916年，袁世凱當政時，袁世凱的一個幕僚叫宋書銘，是一位太極拳大家。吳鑒泉曾拜宋書銘為師，叩頭稱弟子，學習宋派太極拳功。宋書銘的太極功與楊派風格大異，自稱是祖傳。

　　後來有人質疑說，宋書銘提供的歷史資料說他是祖傳，並不可信。然而，我們說有如下幾點是可靠的：

　　第一，宋書銘的功夫是真，有史料可證。

　　第二，宋書銘的太極拳（功）風格不同於楊派太極拳。

　　第三，宋書銘提供的太極拳譜不同於楊派的拳譜。宋書銘精通易理，拳譜中多有反映。

第四，今天的吳派太極拳，基本上是宋書銘傳授的拳理和拳架。這也是為什麼宋派的太極拳譜多在吳派太極拳家的著作中出現的緣故。

由於宋書銘的太極拳譜有十分明確的《易經》背景，我們在本章就宋譜的主要內容，作一個易理的剖析。

第一節　心會論

原文：

腰脊為第一之主宰；

猴頭為第二之主宰；

地心為第三之主宰。

丹田為第一之賓輔；

掌指為第二之賓輔；

足掌為第三之賓輔。

《繫辭上傳》說：「是故，吉凶者，失得之象也。悔吝者，憂虞之象也。變化者，進退之象也。剛柔者，晝夜之象也。六爻之動，三極之道也。

這裏「三極」指天、地、人。

《心會論》的三個主宰：「腰脊」為人；「猴頭」為天；「地心」為地。此為一大周天，大「三極」也。

幾乎與《易經》同時，出現了《黃帝內經》，提出了經絡的理論。

《黃帝內經・靈樞・本藏》指出：人體有六臟六

腑，六臟是心、心包絡、肝、脾、肺、腎；六腑是膽、胃、大腸、小腸、膀胱、三焦，共為十二臟腑。每個臟腑器官與一個經脈相聯，共有十二經脈，統帥周身絡脈，佈滿全身。經絡是人體氣血運行經過的聯絡通路，循環無端。

　　古人認為，臟儲藏轉化人體內的一切精微物質，屬「陰」；腑進行消化、傳導、排泄活動，屬「陽」。十二經與所屬的臟腑，構成「陰經」和「陽經」。

　　十二經的循行路線是完整統一、週而復始的。十二經從手三陰經的身體內側胸部起，循行手臂內側至手指末梢，入手三陽經；手三陽經循手指、手臂外側行至頭部，入足三陽經；足三陽經由頭部循背部至腿的外側，至腳趾，入足三陰經；足三陰經由腳趾起，循腿內側上行，至腹、前胸，而終人手三陰經。如此循環，注流不息。

　　手三陰經是：手太陰肺經、手少陰心經、手厥陰心包絡經；足三陰經是：足太陰脾經、足少陰腎經、足厥陰肝經。以上稱六陰經。

　　手三陽經是：手太陽小腸經、手陽明大腸經、手少陽三焦經；足三陽經是：足太陽膀胱經、足陽明胃經、足少陽膽經。以上稱六陽經。

　　《心會論》中的三個賓輔指「掌指」「足掌」和「丹田」，是人體十二循環的始末和中心。這是小周天，小「三極」也。

　　從技擊的角度看，拳屬手三陽經，掌屬手三陰經；拍打屬手三陰經，甩打屬手三陽經；腳踢屬足三陽經，腳端屬足三陰經；裏擺腿屬足三陰經，外擺腿屬足三陽經。

從太極拳看，掤、擠屬手三陽經，捋、按屬手三陰經；肘靠屬手三陽經，採、挒屬手三陰經；分腳屬足三陽經，蹬腳屬足三陰經。如此等等，可細察之。

第二節　功用歌

原文：

輕靈活潑求懂勁，
陰陽既濟無滯病；
若得四兩撥千斤，
開合鼓蕩主宰定。

這裏「陰陽既濟」顯然來自《易經》的「既濟卦」。關於既濟卦，第三、四、五、六章都有詳盡的論述。

這裏，我們主要研討一下《易經》的「陰陽既濟」與《太極拳論》的「陰陽相濟」是否相同？

《序卦傳》說：「有過物者必濟，故受之以既濟。」濟，是渡河的意思。既濟，是已經渡過河，是「完成」的意思。在卦中，「既濟」是什麼意思呢？《象傳》說「剛柔正而位當也」。就是六個爻，陰陽得位得正，是六十四卦中最好的，已經達到了極限。所以說，「即濟」是一種已完成的狀態。說它「初吉終亂」，因為「其道窮也」，道路已經沒有了！

「陰陽相濟」呢？這個「濟」是同舟共濟的

「濟」，「相濟」是相互扶持、相輔相承的意思。所以，
王宗岳說「陰不離陽，陽不離陰，陰陽相濟」，這顯然是
正在進行的動作的過程。又說「方為懂勁」，就是做到了
這些，才是「懂勁」。然後「愈練愈精」，漸至「從心所
欲」。所以，王宗岳提出的頂點是「從心所欲」，也就是
「神明」。他在這裏用了兩個動詞：「漸至」「階及」，
這樣「從心所欲」和「神明」，永遠是追求的目標，「道
不窮也」，不可達到的。

　　可見，宋書銘之意，非王宗岳之意也。望讀者明辨
之。

<h2 style="text-align:center">第三節　八字歌</h2>

原文：

　　掤挒擠按世間稀，
　　十個藝人九不知；
　　若能輕靈並捷便，
　　粘連黏隨俱無疑。
　　採挒肘靠更出奇，
　　行之不用費心思；
　　果能粘連黏隨字，
　　得其環中不支離。

　　「八字」為掤、挒、擠、按、採、挒、肘、靠，與
王宗岳拳論相同；粘連黏隨亦無相異。唯最後一句是點睛

之言。

「得其環中」出於《莊子‧齊物》，曰：「樞始得其環中，以應無窮。」意思是門軸在圓槽之中，門才能轉動自如。

《繫辭上傳》說：「是故，闔戶謂之坤；闢戶謂之乾；一闔一闢謂之變；往來不窮謂之通；見乃謂之象；形乃謂之器；制而用之謂之法；利用出入，民咸用之，謂之神。」

這裏「闔」是關，「闔戶」是關門；「闢」是開，「闢戶」是開門。「一闔一闢」是一關一開；「往來不窮」是開關不斷，「利用出入」，比喻的是「門戶」。由此而推展到一切事物，歸結為「坤」「乾」（即陰陽）、「變」「通」「象」「器」「法」「神」。

《八字歌》中「得其環中」和「不支離」，顯然來自易理。太極拳像門戶一樣，安裝在環中，一開一合，往來不窮。「不支離」是門的軸，既不支撐房屋的重量（由門框承擔），也不離開門槽。這樣的設計，在古代是太神奇了！大家都用「門」。

開合和不支不離，是宋派太極拳的核心。

第四節　周身大用論

原文：

一要心性與意靜，

自然無處不輕靈；

二要遍體氣流行，

一定繼續不能停；

三要猴頭永不拋

問盡天下眾英豪。

如詢大用緣何得？

表裏精粗無不到。

　　《周身大用論》講的是練習太極拳的高層階段，主要是內修的功夫。其立足點，仍然是易理中的「三極」，即天、地、人，而此篇著重講的是「人」。

　　首先提出了「心」「性」「意」三個概念。對此，吳圖南先生在《國術概論》一書中有精闢的論述。

　　他說：「習太極拳者，應以養心、定性、聚氣、斂神為主。」又說：「若心不能安，性即擾之；氣不能聚，神必亂之。」「欲求安心、定性、斂神、聚氣，則基功之法不可缺，而行功亦不可廢。」「由太極而入於無極。」「全身之四肢百體，周流通暢。」

　　宋氏之太極功，貫串「由太極而入於無極」的思想，所以強調「心性」和人、天、地三極，人在天地之間，是一個大周天的體系，不把人孤立地考慮。宋氏作有《四性歸原歌》：

世人不知己之性，

何能得知人之性？

物性亦如人之性，

至如天地亦此性。

我賴天地以存身，

天地賴我以致局。

若能先求知我性，

天地授我偏獨靈。

這裏說的是天、地、人的關係。說到底，人們習練太極拳，活動在天地之間，這就被涵蓋於易理之中，跳不出《易經》這個圈子。

由此，宋氏提出「開合鼓蕩主宰定」。即人們習練太極拳，無非是在天地之問「開合鼓蕩而已」！誰是主宰？天、地也。

「腰脊」為人也，「地心」為地也。唯「猴頭」費解。

「猴」者喉也，「頭」者腦袋也。「猴頭永不拋」，不拋頭露喉也。為什麼？拋頭露喉是抬頭望天，則失地，即看不到地。低頭彎腰，則失天，即有下無上不見人，看不到對方，如此，天、地、人盡失。太極拳所不取，故「立身中正」。此「主宰」之謂也。

《繫辭下傳》，孔子說：「君子安其身而後動，易其心而後語，定其交而後求。君子備此三者，故全也。危以動，則民不與也；懼以語，則民不應也；無交而求，則民不與也。莫之與，則傷之者至矣。易曰：『莫益之，或擊之，立心勿恒，凶。』」

這裏講的是「心性」問題，提出三條：「安其身」「易其心」「定其交」。

「安其身而後動」，立於天地之間，安穩之後才能行動。對太極拳而言，腳下有根，首先要立於不敗之地，

再言對敵。所以，中國的一切拳種，都講求「樁功」，此乃不敗的基石。

「易其心而後語」，「心」是心態，此處之「語」是表達、表現的意思，是對他人的行為。就是先把心態擺正、擺平，再考慮怎樣對待人。所以《周身大用論》才說：「要心、性與意靜，自然無處不輕靈。」

「定其交而後求」，「交」是交流；「求」是求得的意思，所以孔子才說「無交而求，則民不與也」。「不與」就是得不到，拳術的提高，必須相互交流，也就是實戰。不實戰，紙上談兵是不行的！

所以，孔子作出結論說：「危以動」「懼而語」「無交而求」是不行的。

「危以動」，是被迫的動作，是應付性的盲目行動。拳之大忌也。

「懼而語」，是遇到沒有料到的情況出現的心態的表現，對方是不會買賬的，只有被動挨打的份兒。

「無交而求」，今天這種武術家太多了，終生不曾一戰，沒有一點實戰經驗，絕對不會達到武功之上乘的，甚至不能稱做「武術家」，所以「民不與也」，人們不會認賬的。

《易經》講的不是武術，也不是太極拳，然而，它講的是一般規律，涵蓋武術，涵蓋太極拳。《易經》說：「莫益之，或擊之，立心勿恒，凶。」意思是，無論什麼事情，沒有正確的主導思想，指導行動，你就得不到什麼，在打擊之下，又無恒心，結果一事無成。

《繫辭》下傳說：「易之為書也，廣大悉備，有天

道焉,有人道焉,有地道焉,兼三才而兩之,故六;六者非它也,三才之道也。」

顯然,宋氏太極拳論的各篇,都建立在易理的三才,即天道、人道、地道之上的。對比王宗岳《太極拳論》,王論集中在「人道」之上,基本上沒有涉及天、地、人之間的關係。從這點看,宋氏拳論有其更顯明的易理背景。王論多拳,而宋論多道。

第五節　無極歌

原文:
無形無象無紛拏,
一片神行至道誇,
參透虛無根蒂固,
渾渾沌沌樂無涯。

這裏講的是一種境界,即宋派太極功追求的境界。它提出「無形無象」。這使我們聯想到漢代劉向《說苑・指武》記載「魯石公劍,迫則能應,感則能劍,眩穆無窮,變無形象。復柔委從,如影如響。」這裏論的是劍術,拳理亦通,提出了「變無形象」,又提出了迫則能「應」和「感」則能劍,提出「感應」的概念。宋氏在《太極歌》(下一節將介紹)中說「混元一氣感斯通」。二者走入同一理念,就是《易經》。《繫辭上傳》說:「易無思也,無為也,寂然不動,感而遂通天下之故。」

可見中國的傳統武術,「理唯一貫」爾!

「渾沌」是太極學說的一個概念,認為宇宙的原始狀態是一個「渾沌」,是一個大氣團。後來,分成兩部分,清氣上升為天,濁氣下降為地;天為陽,地為陰,天地交而生萬物,包含人、動物、植物等生物。

太極陰陽學說,充分體現在《易經》的原理之中。現在反過來說「渾渾沌沌」。這是個什麼概念?《唱道真言》說:「身若浮雲,捲舒自如,物來觸我,我不著物。」就是這種境界。就是周身沒有一處著力點,對方摸不到我之虛實、輕重、開合、曲直、剛柔,而處處落空。《太極拳論》說:「一羽不能加,蠅蟲不能落。」這就是「渾渾沌沌」!

宋氏拳論中多次提到「渾沌」的概念。例如《十六關要論》:

踝之於足,行之於腿;

縱之於膝,活潑於腰;

靈通於背,神貫於頂;

流行於氣,運之於掌;

通之於指,斂之於髓;

達之於神,凝之於耳;

息之於鼻,呼吸往來於口;

渾噩於身,全體發之於毛。

這裏,「渾噩於身」就是「渾沌」的概念,就是「無極」的意思。

第六節　太極歌

原文：

太極原生無極中，
混元一氣感斯通，
先天逆運隨機變，
萬象包羅易理中。

這裏提出了「太極」「無極」「混元一氣」「先天逆運」四個概念。

「無極」與「混元一氣」，是同一個概念。古人認為，混元一氣是宇宙之前的狀態，是為「無極」；二氣（陰陽）分，天地判，是為「太極」；天地判而萬物生。所以說，太極是「無極而生」。這是「一而二」的過程。

「混元一氣」是原始的渾沌狀態，即「一氣」而不是「二氣」。顯然，作者追求的是這種境界，這深受道教思想和修煉的影響。這方面，我們不作過多的展開，不是本書的內容。

「先天」和「逆運」是兩個概念。

「先天」的意思是人出生之前，人生出來，一落地就成了「後天」。這是本意。後來，卻衍生出許多「先天」和「後天」之說。例如，太極拳有叫「先天拳」和「後天拳」的。

習練太極拳的人們為什麼對「先天」感興趣？這歸

因於老子的「弱勝強」和「柔克剛」思想，人們想達到一種狀態或者說境界。是什麼樣的狀態或境界呢？

《易經》稱之為「神明」。

孔子說是「從心所欲」。

老子有如下的說法：

「視而不見名曰夷；聽之不聞名曰希；搏之不得名曰微。此三者，不可致潔，故混而為一。

「一者，其上不皦，其下不昧；繩繩兮不可名，復歸於無物。是謂無狀之狀，無物之象，是謂惚恍。迎之不見其首，隨之不見其後。執古之道，以禦今之有。能知古始，是謂道紀。」

這裏關鍵之關鍵是「迎之不見首，隨之不見後」，就是你正面看不見頭，後面摸不著尾。這就是「惚恍」，宋氏拳論叫「渾沌」或「渾噩於身」。「無狀之狀，無物之象」就是「無形無象」，《易》曰：「易無思也，無為也，寂然不動，感而遂通天下之故。」

這恐怕是比「粘連黏隨」還要高的境界吧！

《說卦傳》說：「天地定位，山澤通氣，雷風相薄，水火不相射，八卦相錯，數往者順，知來者逆；是故，易逆數也。」就是說，過去的往事離我們越來越遠，我們追憶它，方向是一致的，所以說是「順」。未來的事，我們不知道，然而它卻悄悄向我們走來，我們向未來迎去，這兩個方向是相反的，所以叫做「逆」。這是「一而二」的，即「無極而太極」。《易經》講的就是「逆」，預知未來，所以說「易逆數也」。

太極拳是「無極而太極」，是「一而二」，講陰

陽、剛柔、動靜、虛實，是「逆運」。

「逆」在道教中有另外的含義。從老子的思想出發，人們提出一個「仙」的概念，人成「仙」而長生不死。人們把這個「成仙」過程叫「逆」；把人之生與死的過程叫「順」。順為人而逆為仙。為了成仙，創造了各種修煉方法，人們稱之為「修煉」，也叫「功法」。例如，修煉外丹和內丹，煉外丹為術，修內丹為功。

修煉內丹的功法，被廣泛吸收到中國武技之中，於是有「練拳不練功，到頭一場空」的說法。宋氏太極拳譜在《太極歌》中提出還是屬於拳理，所命名的「太極功」仍是拳術的組成部分，而非「仙術」。

功法，早為中國武術引入，成為基本功之一。這種武術基本功法，完全符合易理，故《太極歌》說「萬象包羅易理中」。

《易經》占卜的是「人間之事」，易不言「仙」。「仙」是《易》之後一千年才出現的事。

總　結　論

《易經》是一部什麼書？

《易經》研究什麼？

《易經》的理論？

《易經》的方法？

《易經》要解決什麼問題？

為什麼說《易經》是太極拳的理論之源？

本書對這些問題，作了系統、全面和深入的闡述。從中我們可以得出下面一些結論：

《繫辭下傳》說：「夫易，彰往而察來，而微顯闡幽，開而當名，辯物正言，斷辭則備矣。其稱名也小，其取類也大，其旨遠，其辭文，其言曲而中，其事肆而隱，因貳以濟民行，以明失得之報。」

一、首先說《易經》是「彰往而察來」

「彰往」是彰顯過去，「察來」是觀察未來；用「而」連接是後者從前者而出，就是用過去已經發生過的事情去推斷未來將發生的事情。這正是「無極而太極」。由此，我們看到《易經》所研究事物的方向，是向前發展

的。這點非常重要。

我們研究太極拳，要把握「彰往而察來」這個方向。《易經》是「人更三聖，世歷三古」，前後有兩三千年，太極拳也有很悠久的發展歷史，所以我們才說「其道深，其路幽」。

二、《易經》「微顯闡幽」

「微顯」是把細微的東西放大以觀之；「闡幽」是把幽深的事情闡述明白以察之。

這是一個科學的研究方法。今天的許多社會科學和自然科學，也都是用這種科學方法進行研究。我們寫這本書，也是用這種方法。本來，在我們寫這本書之前，沒有人深入到《易經》的內部來研究太極拳。怎麼寫呢？那就是把《易經》各卦的內部結構放大之，凸顯出來細觀之；把《易經》的卦辭、爻辭闡述明白，察其與太極拳的關係。

例如：卦分上下、內外，這是兩個整卦，由卦的屬性來斷定，有卦辭、彖傳和象傳講述，這恰好對應太極拳的上下和內外，究其理而闡用。

又如：卦的內部結構由六個爻組成，爻辭和爻象細述每個爻的位置與各爻的關係，斷其得失。這與太極拳各勢之人身六個部位的狀態相對應，糾其偏以正其勢。

三、《易經》「開而當名」

「名」，在這裏指《易經》各卦的名稱，「開」是展開來講的意思。展開什麼呢？

一、名稱的來龍去脈。例如「損卦」，來自泰卦☷☰，下卦減少（損）一個陽爻，上卦增加（益）一個陽爻，成為損卦☶☱，曰「下損上益」。因為來自泰，故曰「損」。

二、考慮與之相反的卦。例如「益卦」，損卦倒過來，就成益卦；卦形為☳☴，恰好與損卦相反，故曰「益」。

三、上下倒轉。例如泰卦的卦形是☷☰，坤上乾下。上下倒轉，泰卦就成了否卦☰☷，所謂「乾坤倒轉」，泰極否來；反之否極則泰來，完全符合辯證法。故名之。

四、從性質命名。例如「泰卦☷☰」，坤上乾下；坤象徵地，乾象徵天。卦像是「地在天上」，地重而天輕；地的沉降向下，天的浮動上升，故「天地相交」，萬物生長，所以曰「泰」。又可以發揮為「國泰民安」。對太極拳來講，下卦實而上卦虛，「上虛下實」，穩固，所以說也是「泰」。

「當名」是說，《易經》的卦名非常恰當，它從卦序、卦理、卦爻、卦性、卦形、卦象多方考慮，確定卦的名稱。

王宗岳顯然精讀易學，精通易理，他對太極拳的定名，是十分重視和嚴謹的。這從他的《太極拳釋名》中可見。

原文:

「太極拳,一名長拳,又名十三勢。

長拳者,如長江大河,滔滔不絕也。

十三勢者,分掤、捋、擠、按、採、挒、肘、靠、進、退、顧、盼、定也。

掤、捋、擠、按,即坎、離、震、兌,四正方也;採、挒、肘、靠,即乾、坤、艮、巽,四斜角也。此八卦也。進步、退步、左顧、右盼、中定,即金、木、水、火、土也。此五行也。合而言之,曰『十三勢』。」

這裏有個重大問題必須指出。楊澄甫著《太極拳使用法》一書,把掤、捋、擠、按寫成乾、坤、坎、離;把採、挒、肘、靠寫成巽、震、兌、艮。這是根據宋代繪製的「先天八卦圖」確定的。

宋‧邵雍說:「乾南坤北,離東坎西。」這與《易經》的規定矛盾,《易經》規定「坎北、離南、震東、兌西;乾西北、坤西南、巽東南、艮東北」。王宗岳的「四正方」「四斜角」,即俗稱「四正四偶」,完全與《易經》的規定相同,而楊澄甫的四正四隅則否。

如果,按《易經》的規定,楊澄甫《太極拳使用法》中掤、捋、擠、按就不是四正方了,成了西北(乾)、西南(坤)、北(坎)、南(離),顯然不對了。而清代李亦畬、陳微明的《太極拳譜》均同本書,按《易經》「坎(北)、離(南)、震(東)、兌(西)」才是四正方;「乾(西北)、坤(西南)、艮(東北)、巽(東南)」才是「四斜角」,而楊澄甫本的「巽、震、

兌、艮」也不是四斜角。特此正名。

四、《易經》「辨物正言」

什麼是「物」？孔子說：「乾坤其易之門邪。乾陽物也，坤陰物也。」《繫辭》說：「乾坤成列，而易立乎其中矣。」可見「物」就是萬物，以乾坤陰陽比喻之。這些萬物，總是陰陽成對地出現。「辨物」就是辨別這種陰陽相對的事物。

「言」是一種占筮的斷言，就是卦辭和爻辭。「正言」是正確的斷言。

有了以上的「彰往察來」「辨物正言」，就「斷辭則備矣」。就是具備了寫卦辭和爻辭的條件了。每一卦，都經歷了這樣一個嚴謹的程式，才寫出《易經》這部偉大的著作。

五、《易經》「因貳以濟」「因貳以明」

完整的話是「因貳以濟民之行，以明失得之報」。

這裏的關鍵字是「貳」。「貳」是什麼呢？就是「一分為二」。《易經》的理論建立在「乾坤成列」「八卦相盪」「剛柔相推」的基礎上。《易經》沒有「合二為一」過程的思想。為什麼？道理很簡單，過去的事是已知的，用不著推測，占卜是想要知道未來的事，是向前發展的，是「一生二，二生三，三生萬物」，所以，《易經》原理恰恰符合太極拳的需要。

　　《易經》的「陰陽」「剛柔」「虛實」「闢（開）闔（合）」「動靜」「曲直」「內外」「上下」「損益」「消長」「盈虧」「來往」「得失」「吉凶」「逆順」「反覆」「出入」「進退」「感應」「觀察」等等，好像就是給太極拳寫的！凡此，皆「貳」也。

　　《易經》因貳以「濟民之行」，可見，《易經》的占卜決不是一般的算命，推斷的是「濟民之行」的政治大事，關乎人民的福禍。把太極拳拉到「濟民之行」，也沾邊。勿忘，今日之太極拳為民眾所用，主要是健身養生了，可以說是「濟民之行」。

　　《易經》因貳以「明失得之報」，這就與太極拳的技擊關係密切和直接了。太極拳的技擊失得，都可以從《易經》中找出。「報」者報應也，因果關係也。太極拳技擊失得，都可以從《易經》裏找到因果關係。太妙了！一部《易經》，簡直是一部《太極拳論》！

附錄一

宋氏太極功源流支派論

宋遠橋　記

　　所謂後代學者不失其本也。自余而上溯，始得太極之功者，授自唐代于歡子許宣平，至余十四代，有斷亦有續者。許先師係江南徽州府歙縣人，隱城陽山，即本府城南紫陽山，結茅南陽辟穀。身長七尺六寸，髯長至臍，髮長至足，行及奔馬。每負薪入市販賣，獨吟曰：負薪朝出賣，沽酒日夕歸。借問家何處，穿雲入翠微。李白訪之不遇，題詩望仙橋而歸。所傳太極功之拳名三世七，因三十七式而名之，又名長拳者，所云滔滔無間也。總名太極拳三十七式，名目書之於後。

四正	四隅	雲手	彎弓射雁
揮琵琶	進搬攔	簸箕式	鳳凰展翅
雀起尾	單鞭	上提手	倒攆猴頭
摟膝拗步	肘下捶	轉身蹬腳	上步栽捶
斜飛式	雙鞭	翻身搬攔	玉女穿梭
七星八步	高探馬	單擺蓮	上跨虎
九宮步	攬雀尾	山通背	海底珍珠

彈指	擺蓮轉身	指點捶	雙擺蓮
金雞獨立	泰山生氣	野馬分鬃	如封似閉
左右分腳	掛樹踢腳	推碾	二起腳
抱虎推山	十字擺蓮		

　　此通共四十二手。四正四隅，九宮步，七星八步，雙鞭在外。因自己多坐用功夫，其餘三十七數，是先師所傳也。此勢應一勢練成，再練一勢，萬不可心急齊用。三十七勢，亦無論何勢先，何勢後，只要一一將勢用成，自然三十七勢，皆化為相繼不斷也，故謂之長拳。

　　腳踩五行，懷藏八卦，腳之所在，為中央之土，八門五步，以中央為準。

　　俞氏太極功，名曰先天拳，亦名長拳，得唐李道子所傳。李道子係江南安慶人，至明時嘗居武當山南岩宮，不食火食，第啖麥麩，故人稱曰「麩子李」，又稱「夫子李」。見人不語他，惟曰「大造化」三字。然既云「夫子李」係唐時人，何以知明時之「夫子李」即是唐代之「夫子李」。緣余遊江南涇縣訪俞家，方知俞家先天拳，亦如余之三十七式，太極之別名也。

　　俞家太極功，係唐時李道子所傳，俞氏代代相承，每歲必拜李道子之廬。至宋時尚在也，越代不知李道子所在。嗣後余偕俞蓮舟遊湖廣襄陽均州武當山，見一道人蓬頭垢面，呼俞蓮舟曰：徒再孫焉住。俞蓮舟怒曰：汝係何人，無禮如此，我觀汝一掌必死。道人曰：徒再孫且看汝出手。蓮舟怒極，進步連掤帶捶，但未近身，道人飛起十餘丈，平空落下，迄立無損。蓮舟謂道人曰：汝總用過功夫，不然能敵我者鮮矣。道人曰：汝與俞清慧俞一誠相識

否？蓮舟悚然曰：此皆余上祖之名也。急跪曰：原來是我之祖師。李道子曰：我在此數十寒暑，未曾開口，汝今遇我誠大造化哉。汝來吾再以功夫授汝。自此蓮舟不但無敵，並得全體大用矣。

　　蓮舟與余常與張松溪、張翠山、殷利亨、莫谷聲相往還，後余七人再往武當山拜李祖師未遇，於太和山玉虛宮見玉虛子張三豐，三豐蓋張松溪、張翠山師也。三豐洪武初即在此修煉。余七人在山拜求請益者月餘而歸。松溪、翠山拳名十三勢，亦太極功之別名也。李道子所傳俞蓮舟口訣曰：

　　　無形無象，全體透空；應物自然，西山懸磬；
　　　虎吼猿鳴，泉清河靜；翻江播海，盡性立命。

附錄二

吳鑑泉等人
拜宋書銘為師史料

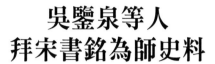

　　1. 許禹生著《太極拳勢圖解》（1921年版）記載：「有宋書銘者，自云宋遠橋後，久客項城（指袁世凱，袁係河南項城人）幕，精易理，善太極拳術，頗有所發明。與余素善，日夕過從，獲益非鮮。本社教員紀子修、吳鑑泉、劉恩綬、劉彩臣等，多受業焉。（吳為全佑子，紀常與凌君為友）」

　　注：凌君即凌山，同書載有：「當露禪先生充旗營教師時，得其傳者三人；萬春、凌山、全佑是也。一勁剛、一善發人、一善柔化，或謂三人各得先生之一體，有筋骨皮之分。旋從先生命，均拜班候先生之門，稱弟子云。」

　　2. 許禹生弟子王新午著《太極拳法闡宗》（1927年版）云：「清末遺老宋氏書銘，精研易理，善太極拳，自言為宋遠橋十七世孫，其拳法名三世七，又名長拳，與十三勢太極拳大同小異，惟其拳法注重單式練習，推手則相同。宋參幕項城，時年已七十。名家紀子修、吳鑑泉、許禹生、劉恩綬、姜殿臣諸教師與宋推手，皆隨其所指而

跌，奔騰其腕下莫能自持。其最妙者，宋氏一舉手，輒順其腕與肩擲出皆尋丈以外，於是紀與吳、許、劉諸師皆叩頭稱弟子，從學於宋。時紀師年逾古稀，壽與宋相若而願為弟子。宋與紀師約秘不傳人，紀師曰：『余習技，即以傳人，若秘之，寧勿學耳。』于以見宋之技精，與紀師之耄而好學與坦率也。

《宋氏家傳太極功源流及其支派論》為宋遠橋所手記，其論太極拳原理備極詳細，並可信證太極十三勢確為張三豐所傳。宋氏家傳本於民初亂世，前輩多抄存者。宋氏在清季為詞林鉅子，所著內功、原道、明理諸篇幅，已播於世，允為傑作。惜晚年困瘁家居，抱道自娛，積稿盈屋，許公禹生數敦其出，皆不應，繼以重金求其稿，亦不許，僅承其口傳心授，一麟半爪耳。旋居保定作古，遺著不知流落何處？徒令嚮往而已。」

3. 吳志青著《太極正宗》第七章向愷然（二三十年代著名小說家，筆名平江不肖生，著有當時膾炙人口的武俠小說《江湖奇俠傳》，後改編拍成連臺本默片電影《火燒紅蓮寺》，當時上海萬人空巷，爭看此片，不肖生亦紅極一時）先生練太極拳之經驗記載：

「項城當國時，幕中有宋書銘者，自稱為宋遠橋之後人，頗善太極拳術。其時以拳術著稱於北平（即北京──筆者）之吳鑒泉、劉恩綬、劉彩臣、紀子修等，皆請授業。究其技之造詣至何等，不知也。宋約學後不得轉授他人。時紀子修已年逾六十，謂宋曰：某因練拳者，一代不如一代。雖學者不能下苦工夫，然教者不開誠相授，亦

為斯技淪胥之一大原因。故不辭老朽，拜求指教，即為年逾六十，將於泉下教鬼也。遂獨辭出。」

4. 向愷然《我研究推手的經過》一文（大約在40年代寫的，現存臺灣沈孚瑞先生，1995年重刊於臺灣《太極拳》雜誌第97期）中記載：

「1929年在北京，從許禹生先生學習推手。他的太極拳是從宋書銘學的，是宋遠橋的一派，專注意開合，配合呼吸。每一個動作，都要分析十三勢，尤其以中定為十三勢之母，一切動作都得由中定出發。可惜他那時主辦北京國術館兼辦北京體育學校，工作太忙，不能和我多說手法，介紹了劉恩綬先生專教我推手。劉先生也是從宋書銘學過太極拳的，但他的推法，卻跟以上諸位先生不同，忽輕忽重，或長或短，每每使我連、隨不得，沾、黏不得。有時突然上提，我連腳跟都被提起，突然一撤，我便向前撲空。」

以上史料足證，吳鑒泉先生確實拜宋書銘為師，學習宋氏太極拳之精髓。此外，吳氏太極拳的主要傳人劉恩綬、劉彩臣也拜宋氏為師，學習宋氏太極拳。至今能見到的史料，宋氏除吳鑒泉等人之外未再傳授宋氏太極拳給他人。

記教授、太極拳名家于志鈞先生

嚴翰秀　撰

「研究太極拳，我是業餘的，但是我很敬業。」這是北京資訊工程學院教授于志鈞對自己的評價。重文輕武，是儒家思想處於正統地位的中國社會裏的一種現象，王宗岳《太極拳論》的出現，開創了中國古代高文化人研究太極拳的先河。

于志鈞作為一名知識份子，半個世紀研究中國的太極拳，追求太極拳推手技擊功夫，努力繼承中國傳統文化並將其發揚光大，實在難能可貴。筆者於2001年8月在于志鈞的寓所採訪了他，瞭解到他頗有傳奇色彩的習武經歷。

求拳真，追隨名師四十年

于志鈞1931年出生於吉林市，1950年高中畢業考上了北京清華大學，學的是石油專業。他8月底到校報到後還沒上課，就到北京的各個公園尋找他心目中的老師吳圖

　　南。一個星期過去了，星期天他又早早來到中山公園，看見一位老先生，于志鈞估計是吳圖南，走近一問，果然是。

　　于志鈞自我介紹說：「我是清華大學的學生，想跟你學太極拳。」吳圖南聽了很高興說：「你跟我到我家再說吧。」吳圖南的家在西直門裏（當時北京還有城牆）曉安胡同8號。

　　進屋後，吳圖南問：「你過去學過拳嗎？」「學過。」「學過什麼拳？」「形意拳。」「練一趟看看！」于志鈞在院子裏打了一遍形意的五行拳。

　　吳圖南說：「看你的拳，有10年工夫了吧！」于志鈞說：「沒有這麼長時間。」實際上，于志鈞練形意拳已有7年，加上以前學的長拳，時間差不多有10年了。于志鈞感到吳圖南說得這麼準，心裏不由得暗暗敬佩。

　　吳圖南說：「你最擅長的招法是什麼？你用來打我看看，如果你打了我，你就甭學了。我還不如你，你跟我學什麼？」于志鈞連忙說：「我是來拜師學藝的，不是來挑戰的。」

　　吳圖南說：「不行，一定試一下！」于志鈞無法，說：「我就用劈拳劈你一下。」于志鈞比劃了一下。吳圖南說：「不行！如果你在外面碰上打架自衛，是這樣打的嗎？你必須是來真格的。」于志鈞用了五分力，一個劈拳打在吳圖南身上，可是被反彈了回來。他感到吳圖南的勁很特別，潛藏的那股子不服輸的勁頭陡然萌生，頓時有了新的想法：如果這位老先生經不住我打，我也如他說的不用跟他學了。於是他用了七八成的勁，一個劈拳打過去，

只覺得自己一下被反彈回來撞在旁邊的水缸上。于志鈞終於服了。他想，自己習武10年，自認為有一定的功夫了，誰知這樣輕易地被這位老先生反彈了回來，感到自己已找到明師。于志鈞馬上跪下叩頭，要求拜師學藝。

于志鈞說：「三年前，我看到您的書，就下決心找到您拜師學藝，今天如願以償，徒弟給師父磕頭了！」吳圖南扶住他，說：「別這樣，現在不興這個，我教你就是了。」

清華大學離吳圖南家很遠，于志鈞學拳學得很辛苦。每天早上4點鐘起床，從清華園出發沿著鐵路連走帶跑，到吳圖南家5點多鐘，學拳一個多鐘頭，不到7點又趕回清華園，8點鐘準時上課。于志鈞要求自己，首先是個大學生，要很好地完成學業，做到學習和學拳兩不誤。

于志鈞回憶說，當時學拳不能說一天不缺，但是沒有特別的事情，他幾乎天天這樣到吳圖南家學拳。逢星期天上午，于志鈞則一直在吳圖南家和吳老聊天。于志鈞學拳時觀察到，吳圖南當時沒有工作，生活很清貧，主要是受過去歷史的影響。吳圖南沒有固定的工資收入，平時靠做點雕塑，幫別人鑒別一些古文物等，僅靠菲薄的一點報酬度日。

所以，于志鈞在學拳期間從來沒有在老師家吃過飯。有時學拳時間過長，中午就到天橋看看「天橋把式」，在那吃碗炸醬麵什麼的，就回清華。當時跟吳圖南學習太極拳的僅于志鈞一人。

在大學四年的時日裏，他跟吳圖南學習了楊式太極拳小架，是楊少侯傳的，也學了「三世七」太極功，這兩

項共學了一年多。以後又學習了太極劍（當時叫武當乾坤劍）、太極刀（當時叫玄玄刀）、太極拳推手等。學拳4年，磨煉了于志鈞的毅力和意志，吳圖南的拳藝和深厚的文化修養，也給于志鈞留下了不可磨滅的印象，為他以後研究太極拳打下了厚實的基礎。

在清華，于志鈞學業成績優秀，畢業後分配到北京石油學院。參加工作後，于志鈞不能像原來那樣去吳圖南家學拳了，除了工作、家庭等因素之外，由於眾所周知的原因，社會運動不斷，吳圖南不斷地受到衝擊。

用于志鈞的話來說：「吳圖南老師的歷史問題是很清楚的，但是在當時是很嚴重的問題。」在這種情況下，于志鈞也常常去看望老師，向老師請教一些練拳中碰到的問題。可是後來，于志鈞也在「文革」中受到了衝擊。于志鈞從1954—1959年，一直擔任蘇聯專家的翻譯，「文革」時因此事受牽連，被扣上「蘇修特務」的帽子，到1978年才落實政策，恢復正常工作。

在這期間，于志鈞所在的石油學院已於1969年搬遷到了山東。1984年，于志鈞調到了北京資訊工程學院。在很長的一段日子裏，他無法與吳圖南聯繫，但是，他仍然按照老師所教，練拳從未間斷。于志鈞曾往曉安胡同找過吳圖南老師，但已不知去向。1981年，于志鈞參加在北京召開的一次學術會議，同一位與會人員聊天，那人說，他1972年開始跟吳圖南老師學拳，落實政策後，吳圖南被安排在北京文史館工作，並有了新的住處。于志鈞一聽十分高興，於是他與這位同門約定，春節期間去看望吳圖南。

儘管吳圖南跟于志鈞二十多年不見，但見面時吳圖

南夫人一眼便認出了于志鈞。她說：「你學拳時，有一年元宵節，外面下大雪，一大清早，我開門一看，你站在門口，像個雪人似的，手裏還提著包元宵。」

吳圖南說：「聽說你去了蘇聯，不能回來了。」于志鈞笑著說：「哪有這事，我沒有去過蘇聯。」師徒都感慨萬分，這時于志鈞已經50歲出頭，于志鈞感到老師也應該近百歲了。

于志鈞與吳圖南再度重逢，似有隔世之感。于志鈞認為，自己的老師吳圖南的太極拳藝有如高山大海，高不見巔，深不可測，仰高彌堅，而他的後學者不及一二，如不及時搶救，勢將人去藝絕。而自己過去跟老師也只學了一些基礎的東西，深層次的內容還沒有來得及學，現在老師年紀這麼大了，如何抓緊時間向老師學習，進一步得到老師的傳授呢？經過思考，于志鈞決定用聊天和提問的方式來實施自己的學習計畫。他從山東回到北京工作後，一有空就到吳圖南家，根據自己多年學拳練拳的認識和碰到的問題，逐個向老師提問請教。以下是吳圖南回答于志鈞所提問題的一些片斷：

吳圖南說：你知道你學的拳為什麼叫「三世七」嗎？「人為三世，天有九重，拳分七品」。「三世」為天（前）、地（後）、人（今），所以主宰有三，曰：喉（天）、心（地）、腰（人）；拳分七品，一曰門外、二曰入門、三曰階及、四曰當堂、五曰入室、六曰開竅、七曰神化。許多人自以為對太極拳有認識，實際上還在門外，練拳是力氣活而已。

什麼是鬆？拉伸才是鬆，人身九節拉開了才鬆，縮

著是緊。緊也不能說錯，也是太極拳需要的。光是鬆就是一體，一鬆一緊，一曲一伸，二體才能把人打出去。一味地鬆，你能把人打出去嗎？一物而二體是古人說的，不是我說的，這才是陰陽。

人身的十二經、任督二脈，還有奇經八脈。無數的絡和穴位，這是一個監督網、感知網，氣血循行不止，叫周天。小周天是人體內的循環，大周天是把人放在天地間的循環，人頂天立地。大周天是「三世七」的基礎，人遊戲於天地間，這就是拳了。宋遠橋稱這為「太極功」。

大周天關鍵在腰，故曰主宰，習太極拳多年不能運化者，其病在此，曰「不通」，上下斷成兩截叫「馬蜂腰」，中間細、兩頭大，胳膊歸胳膊腿歸腿，各唱各的戲，無有不敗者。「先天逆運」，又是「三世七」的一大特點。人生下之前曰「先天」，落地之後是一而二，這是順行，分陰陽、剛柔、虛實、前後、左右，是死之途也；三世七講求「先天逆運」，這是後天的鍛鍊合二而一，陰陽不判，剛柔不明，虛實不分，開合不定，左重則左虛，右重則右杳，摸不著，看不透，人不知我，我獨知人，所以說「混噩一身」。這是「三世七」，返璞歸真，生之徒也。這樣的人物，代不數人。

吳圖南說，過去的私塾，一入學，四書五經，天天讀，死背書，記得滾瓜爛熟，老夫子才開講。學習太極拳，也是按這個方法教授的。年輕時我主張科學化教學，在中央國術館，我當教授，我寫教材，寫了《科學化的國術太極拳》和《國術概論》，都是這個意思，想不要像舊時代那種教法，學習太慢，「太極十年不出門」。

現在看，傳統文化還得那麼教，那麼學。大學歷史系、文學系，也得四年才能畢業，畢業了也只是有了初步的工作能力。學太極拳要懂易理，要學習孔孟，學習《論語》《大學》《中庸》，要學《孫子》《黃帝內經》《老子》。這哪能速成！你把這些運用到拳法中，就更難了。沒文化不行啊！學拳架等於背書，學了拳架還要開講。一些老武師「背書」還成，拳架教完了就沒了，難達上乘。現在就是對你開講，開講才能開竅，開竅是達到「神明」的必經之路。否則練了一身笨力氣，只依樣畫葫蘆，還以為「開竅」了呢。

　　吳圖南對太極拳與通周天、與腰的關係問題的解答，于志鈞認為自己得益最大。吳圖南說，腰有兩方面的作用，首先它是樞紐，身體四肢都要由腰支配；第二，腰又是上下的通道。前者是人體內部的事，叫做「小周天」。後者是人與外部（天、地）的事，叫做「大周天」。與人對抗，大小周天要協調，否則必傷腰。打對方也是打腰，只要對方犯硬，大小周天協調不好，必被擊出。

　　通過與吳圖南聊天，聽吳圖南回答他的問題，自己認真體會，于志鈞更明白了古典太極拳論中說的「由腳而腿而腰，形於手指」的含義和實際的練習方法。實際上，就是人要頂天立地，以地心為主，借地心的力量，以腰為樞紐，使自己的周天暢通，這樣在人的健身和推手技擊上，會產生不為人知的效果。

　　于志鈞說：「與老師的談話，使我在太極拳的練習，對拳架內容的理解，對太極拳的樁功、推手、太極拳

的聽勁、化勁、發勁和健身養生等方面都有了新的認識，自己覺得對太極拳的信心大大地增強了。」

操武功，不懼壯年多切磋

在學習太極拳的生涯中，在各種不同的場合，于志鈞與不少人進行太極拳推手。年輕時，他像普通的武術愛好者一樣，希望自己能在推手中獲勝，獲勝了美滋滋的。隨著年歲的遞增，他有了新的認識。在現代社會裏，他的目標不是打遍天下無敵手，這樣的目標也不符合實際。他說：「在太極拳研究中，我注重太極拳的推手技擊，這是為了研究，贏了是研究，輸了也是為了研究，不背勝負這個包袱。」他認為，一個人的太極拳水準是客觀存在的，不會因為有人吹捧而提高，也不會因為有人貶低而下降，只有多實踐，刻苦鍛鍊，動腦筋研究，經過實戰，才能達到新的高度。

于志鈞認為，武術、太極拳的靈魂還是它的技擊作用。從事太極拳研究，想要研究得透徹，必須有推手技擊實踐，空談無助於提高研究水準。他說，他喜歡推手，與各派太極拳的人士推過手。1990年，國家武術管理部門為太極拳推手比賽制定規則，在北京召開有關名家、專家、太極拳推手運動員的會議，規則制定出來後，會議主持人要求與會人員按照規則的要求進行試驗。待年輕的推手運動員互相推手體驗後，主持人建議參加會議的名家、專家也與年輕的選手進行推手，為青年運動員作出榜樣。于志鈞經不起主持人的「將軍」，下場與哈爾濱一位青年運動

員推手，這位運動員與于志鈞打了幾輪後，用兩手抓住于志鈞的手臂，不用什麼招數，就往圓圈外推搡，于志鈞一時化不開對方的力，幾次被對方推至圈外。事後，于志鈞找這位運動員聊天，得知他練過硬氣功，經常練習抓舉槓鈴，手開磚頭、石塊，手掌邊緣比別人多了很厚的一塊肌肉，抓推的力量很大。

　　會後，于志鈞有好幾個晚上睡不好，感到自己練了這麼多年的太極拳，碰上別人的大力，還是化不了，也發不出。經這次實踐，他感到所謂的「拙力」也能勝人，不能說「拙力」就一定不行。如果太極拳功夫不到家，就勝不了「拙力」。太極拳不能做紙上談兵的研究，一些理論的研究結果，如若沒有經過實踐，只憑想像，實際上並不是那麼回事。于志鈞要求自己必須找出失利的原因和對付這種大力的方法。

　　他認為，之所以失利，主要是自己沒有比賽的經驗，臨場技術處理失當。同時，他更體會到兩點，一是不能讓對方抓住，這比較容易做到。二是不能只化不打，拳經上要求「化即是打」。1992年，國家體委武術研究院在濟南舉行「首屆太極推手觀摩交流比賽大會」，研究解決太極推手比賽中出現的問題，請了一些太極拳名家、專家和運動員參加。一天中午，在大廳裏，哈爾濱的那位與于志鈞推過手的運動員也來了，于志鈞找他推手，他老是想把于志鈞發出去，但是怎麼也發不出去。

　　他說：「于老師，你的功夫可是大長了啊！」于志鈞就是有那麼一股不服氣不服輸的勁。為了獲得實戰經驗，他不斷找各種機會，在各種場合與不同類型的人推

手。為了研究對付擒拿跪絆摔的方法，他專門找一些摔跤運動員來對練，自己用太極拳推手的方法，讓摔跤運動員用他們摔跤的方法來摔打，以提高自己的推手水準。

1997年，臺灣國術總會太極拳委員會暨財團法人中華太極館邀請于志鈞和北京大學教授、太極拳專家李士信，安徽中醫學院副教授李濱三人到臺灣訪問，並約定在臺灣期間除了講學以外，還要交流切磋太極拳技擊。後來他瞭解到，臺灣有一些同道認為，內地的太極拳真功夫失傳了，內地一些太極拳名家到臺灣只講演和表演，不進行推手交流。于志鈞覺得，到臺灣雖然不是去比賽，不是去挑戰，但是推手切磋是免不了的，如果沒有把握，他寧願不去。為獲得更多的推手經驗，他在赴臺灣前，兩次到河北永年找高手熱身。

永年是楊露禪、武禹襄的家鄉，那裏藏龍臥虎。他想到永年與高手切磋一下，看看自己的太極拳推手水準到底怎麼樣。第一次去永年，于志鈞拜訪了幾位名家，也一起推了手，有了一些體會。第二次去永年，在朋友的引薦下，在邯鄲烈士公園與當地四位太極拳好手進行推手交流。最後上來的是一位身體壯實的中年人，于志鈞與他搭上手後，問勁問不動它。那中年人又用力推來，于志鈞感到對方力量很大，不與硬頂，往後退，轉了個圈後，還是退，就這樣雙方轉了幾個圈，于志鈞還是無法對付他。二人就停了下來，過了一會兒，于志鈞又找這個中年人推手，在承受對方大力打來的時候，于志鈞突然感到自己被對方的力量打通了，對方的力量通過自己的腰部全打到腳底下的地上，而他紋絲不動。于志鈞豁然開朗，他找到了

自己原來的不足和推手的新辦法了，他感到前往臺灣訪問的信心十足。

于志鈞找到的新辦法就是「通腰」，忘掉「腰」，在推手中遇到多大的力量都全部通過腰、胯、膝、腳傳遞到地下去，這就是許宣平《心會論》中說的「地心為第三主宰」。他尋找了半個世紀，終於在推手實戰中找到了。他根據自己多年的推手實踐，總結了10種以小力應付大力的方法以備用，其中有一條是「四通」（通腰、通胯、通膝、通腳踝）。

于志鈞等人如期前往臺灣訪問。第一天安排到臺灣東海岸花蓮市遊覽，太極拳委員會花蓮分會會長林先生為他們開車。

林先生說：「臺灣太極拳家重視實戰，手中沒有兩下子，在臺灣是站不住腳的。」並對于志鈞說：「我有橫練功夫，天天用鐵尺排肋，聽說于先生這次準備交手切磋我很感動。」于志鈞很明白這話是衝他說的。晚上是臺灣太極拳同道召開歡迎會，太極拳、劍表演過後，主持人宣佈：「下一個精彩節目，兩岸太極拳推手切磋。」這是原來安排議程中沒有的。

于志鈞從容上場，先要求臺灣派一位女拳手上來，應邀的是一位臺灣女子推手比賽70公斤級冠軍，于志鈞與她周旋了幾下，將她打了出去。接著上來了一位小夥子，也被于志鈞沒幾下就打了出去。林會長上場了，于志鈞運用自己準備的方法與對方周旋，先後兩次抓住機會用野馬分鬃將林先生向左向右擊出，歡迎會圓滿結束。在臺灣期間，于志鈞先後與臺灣太極拳同道30多人推手交流，其中

有多人是臺灣太極推手比賽的冠亞軍。透過交流，兩岸太極拳同道互相加深了認識和友誼。

揚國粹，伏劍執筆勤耕耘

于志鈞用一個教授的眼光來觀察中國的太極拳。他認為，中國傳統文化中的技藝部分，其特點是傳留在人的身上，中國很多藝術往往是人去藝絕，中國的太極拳也是一樣。所以他十分注意對傳統太極拳技藝方面的繼承和整理。他首先是對吳圖南所傳授的太極拳技藝繼承發揚和整理。他結合自己的實踐，於1991年出版了《楊式太極拳小架及其技擊應用》（北京體育學院出版社出版），1996年出版了《太極拳推手修煉》（北京體育大學出版社出版），1999年出版了《太極劍技擊大觀》（人民體育出版社出版）。

與此同時，他在香港出版了《太極拳正宗》和《太極推手正宗》（香港聚賢館文化有限公司出版），與臺灣同道合著《太極拳源流考訂》（臺北中華太極館出版發行）。這些著作和他近年來在報刊上發表的文章，共有130多萬字。《太極拳推手修煉》一書，出版後再版了5次，很受太極拳推手愛好者的歡迎。《楊式太極拳小架及其技擊應用》也已修訂再版。

研究擴展到中國武術史

于志鈞最初學的外家拳，由外家而內家。由於他是

個教授，他用教授的眼光來看太極拳，進而由太極拳來思考中國的武術，由中國的太極拳、武術進而思考中國的傳統文化。他認為，在上個世紀80年代初期，中國武術界挖掘整理傳統武術的工作，使中國傳統武術部分地得到保留，這是一個很大的貢獻。中國武術類技術的根深紮在傳統武術中。他向自己提出了一個要求，要堅守傳統武術最後一塊陣地，如果這塊陣地守不住，中國武術就有危機。

他說：「對太極拳，對中國武術，我沒有學到多少東西，攀的高度也不夠，從整個中國傳統武術的寶庫來看，只是有限的一點點，繼承中國太極拳、中國武術，要靠眾多人的努力。我有點文化，我從文化方面發揮特長，其他人可以從其他方面發揮特長。這樣，我國傳統武術、傳統武術文化，就不至於湮沒。」

於是，他開始把自己的注意力放到了對傳統武術史的研究上。他已經在寫作一本初步定名為《中國傳統武術史略》的書，從中國傳統武術的起源寫起，一直到民國。他認為，中國的武術，實質上是冷兵器時代的民間個體技擊術，武術的招勢都是一對一的單打獨鬥技術，武術的核心是技擊。

他不願把武術定義在「武舞」上或定義在「體育運動」上。他認為，戰爭與武術有區別。中國武術史從春秋戰國起就如司馬遷所概括的那樣，「俠是以武犯禁」的面目出現的。在漫長的歷史發展進程中，武術有時不為官府所用，不為官府所治，所以歷代王朝有不少統治者禁武。武術就是在這種歷史縫隙中生存的，所以史料闕如。中國武術史要寫這些方面的內容，要寫各歷史朝代的武術流

派、技術、代表人物、傳承與發展等等。

于志鈞認為，中國武術在於它的傳奇性。因為它不入正史，收集武術史料除了注意正史外，還要廣泛地從野史、逸事、小說、傳奇中搜尋。同時寫史者還要憑藉對中國武術的深刻瞭解和具有相當的習練水準，甚至有較高的功夫，才能識別、提煉出真實的武術史料。

有時，于志鈞花半天時間，只是為了證實一句話，有時甚至終日無所獲。于志鈞想要告訴人們一個歷史上存在過的真實生動的刀光劍影的武術史，並力求圖文並茂，富有傳奇性、知識性和趣味性。于志鈞把寫作這本書當做自己堅守中國傳統武術陣地的實際行動，樂此不疲地做下去。有人說他研究的東西跟不上時代的要求，但他對自己的研究充滿了信心。

他說：「我在歷史的洪流中是微不足道的，但是我堅信我所從事一生的武術事業，我將勝利，歷史會證明。」

馬不揚鞭自奮蹄。一個中國教授在這變幻的社會中，在業餘和退休的時光裏，始終不渝地在中國太極拳、中國武術的這塊土地上默默耕耘，為繼承和發揚中國的傳統文化獻上自己的心力、智力和體力，于志鈞應該獲得社會和人們的尊敬。

（嚴翰秀先生是廣西《金色年華》雜誌社社長，總編輯，廣西省武術協會副主席，作家協會會員）

後　記

　　本書從開始醞釀到執筆完成，先後歷時六個年頭。為什麼花了這麼長的時間？首先因為《易經》是一部很難讀懂的書。它是一部占卜的書，俗稱算命。算命，被人們看做封建迷信，是荒謬的事情。《易經》呢？如果僅僅是算命，那就沒必要去研究它了。算命的書太多了，多為騙取錢財。《易經》是否宣傳迷信？未必是。《易經》是否宣傳封建倫理道德？當然是。那還有什麼好研究的？

　　我們說，就太極拳而言，《易經》有如下重大的研究價值：

　　1.《易經》有一套非常嚴謹的占卜方法，也就是占卜術，即陰陽八卦。它在世界上最早最明確地剖析出宇宙發展的最根本的規律，「一分為二」的自然規律，即太極陰陽學說。這就是易理。

　　2. 太極陰陽學說指導了中國幾千年的天文、地理、政治、軍事、人文、醫學、工程、技術、科學、體育、宗教、社會、藝術、工藝等的發展，成為它們的理論基礎。太極拳的理論亦不例外地出於易理。

　　3.《易經》不是一般的占卜術書籍，它沉澱了中國上古三千年的歷史積累，所以它充滿了辯證統一的方法

論。所謂「神無方而易無體」，就是辯證法。

《太極拳論》是一篇傑出的辯證法論文。經過本書的闡述，充分證明了這點。太極拳沉澱了中國五千年歷史中的技擊術，《太極拳論》可以說是《易經》的偉大的續篇各論！

4. 《易經》是偉大的，它是太極拳的理論之源。太極拳的技術發展，完全符合易理。本書是第一本深入到《易經》的卦、爻、辭、彖、象、傳來剖析太極拳的書。它彌補了近年來太極拳理論研究表面化、神秘化和脫離實踐的欠缺遺憾。

從本書的剖析中可以看出，《易經》涵蓋了太極拳理論的一切方面，而太極拳觸及的僅為《易經》之一角。《易經》是偉大的！

5. 《易經》的卦和爻的變化和辭義，對太極拳的技擊技術有指導意義，指出太極拳的拳勢之優勢和不足，指示其改變的方向，甚至是方法。這是本書的一個重大發現。

6. 《繫辭上傳》說：「夫易，廣矣大矣！以言乎遠，則不禦；以言乎邇，則靜而止；以言乎天地之間，則備矣！」

這段話的意思說：《易經》太偉大了！談遠的沒有限界；談近的細微到靜止透明；談天地，則無所不包！

由此看，本書所論及的，不過是「易」之一毛而已！如果讀過本書能有所收益，幸甚！

謝謝讀者，給以指正！

于志鈞於北京家中陋室

導引養生功

張廣德養生著作　每冊定價350元

1 疏筋壯骨功＋VCD
定價350元

2 導引保健功＋VCD
定價350元

3 頤身九段錦＋VCD
定價350元

4 九九還童功＋VCD
定價350元

5 舒心平血功＋VCD
定價350元

6 益氣養肺功＋VCD
定價350元

7 養生太極扇＋VCD
定價350元

8 養生太極棒＋VCD
定價350元

9 導引養生形體詩韻＋VCD
定價350元

10 四十九式經絡動功＋VCD
定價350元

輕鬆學武術

1 二十四式太極拳＋VCD
定價250元

2 四十二式太極拳＋VCD
定價250元

3 八式十六式太極拳＋VCD
定價250元

4 三十二式太極劍＋VCD
定價250元

5 四十二式太極劍＋VCD
定價250元

6 二十八式木蘭拳＋VCD
定價250元

7 三十八式木蘭扇＋VCD
定價250元

8 四十八式太極劍＋VCD
定價250元

太極跤

1 太極防身術
定價300元

2 擒拿術
定價280元

3 中國式摔角
定價350元

彩色圖解太極武術

1 太極功夫扇

定價220元

2 武當太極劍49式

定價220元

3 楊式太極劍

定價220元

4 楊式太極刀

定價220元

5 二十四式太極拳＋VCD

定價350元

6 三十二式太極劍＋VCD

定價350元

7 四十二式太極劍＋VCD
定價350元

8 四十二式太極拳＋VCD

定價350元

9 楊式十六式太極劍拳

定價350元

10 楊氏二十八式太極拳＋VCD

定價350元

11 楊式太極拳四十式＋VCD

定價350元

12 陳式太極拳五十六式＋VCD

定價350元

13 吳式太極拳五十六式＋VCD

定價350元

14 精簡陳式太極拳八式十六式

定價220元

15 精簡吳式太極拳三十六式 拳架·推手

定價220元

16 夕陽美功夫扇

定價220元

17 綜合四十八式太極拳＋VCD

定價350元

18 三十二式太極拳 四段
定價220元

19 楊式三十七式太極拳＋VCD
定價350元

20 楊氏五十一式太極劍＋VCD
定價350元

21 嫡傳楊家太極拳精練二十八式
定價220元

22 嫡傳楊家太極劍五十一式
定價220元

23 嫡傳楊家太極刀十三式
定價220元

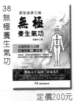

健康加油站

1 糖尿病預防與治療

糖尿病 預防與治療
定價200元

2 胃部機能與強健
胃部
定價180元

3 不孕症治療
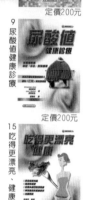
不孕症治療
定價200元

4 簡易醫學急救法

簡易醫學急救法
定價200元

5 肥胖健康診療

肥胖 健康診療
定價200元

6 肝功能健康診療
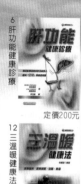
肝功能 健康診療
定價200元

7 高血壓健康診療
高血壓 健康診療
定價200元

8 高血糖值健康診療
高血糖值 健康診療
定價200元

9 尿酸值健康診療
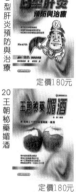
尿酸值 健康診療
定價200元

10 膽固醇中性脂肪健康診療

膽固醇 中性脂肪 健康診療
定價200元

11 痛風劇痛消除法

痛風 劇痛消除法
定價180元

12 手溫暖健康法
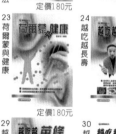
手溫暖 健康法
定價180元

13 手・腳病理按摩
手腳 病理按摩
定價180元

14 B型肝炎預防與治療

B型肝炎 預防與治療
定價180元

15 吃得更漂亮健康

吃得更漂亮 健康
定價180元

16 茶使您更健康

茶使您更健康
定價180元

17 圖解常見疾病運動療法
圖解常見疾病 運動療法
定價180元

18 科學健身改變亞健康

科學健身改變亞健康
定價180元

19 簡易萬病自療保健
簡易萬病自療 保健
定價220元

20 王朝秘藥媚酒

王朝秘藥媚酒
定價180元

21 立見實效保健操

立見實效 保健操
定價180元

22 越吃越幸福
越吃越幸福
定價200元

23 荷爾蒙與健康
荷爾蒙與健康
定價180元

24 越吃越長壽
越吃越長壽
定價200元

25 自我保健鍛鍊
自我保健鍛鍊
定價180元

26 斷食促進健康

斷食促進健康
定價180元

27 蔬菜健康法
蔬菜健康法 Vegetable
定價200元

28 水果健康法
水果健康法 Fruit
定價200元

29 越吃越苗條
越吃越苗條
定價200元

30 越吃越聰明
越吃越聰明 EAT & SMART
定價200元

31 全方位健康藥草
全方位健康藥草
定價200元

32 人體記憶地圖
人體記憶地圖
定價350元

33 提升免疫力戰勝癌症
提升免疫力戰勝癌症 CANCER
定價280元

34 腎臟病預防與治療
腎臟病 預防與治療
定價230元

35 怎樣配吃最健康
怎樣配吃最健康 Eat & Health
定價200元

36 心臟病腦中風預防與治療
心臟病 腦中風 預防與治療
定價180元

37 科學養生細節
科學養生 細節
定價350元

38 由人相診斷健康
由人相診斷健康
定價180元

39 青春期智慧
青春期智慧
定價200元

40 前列腺健康診療
前列腺 健康診療
定價200元

41 下半身鍛鍊法
下半身鍛鍊法
定價180元

42 四高健康診療
四高健康診療
定價300元

健康加油站

43 中醫名家養生祕方
定價180元

44 健康長壽 擁有更豐富的人生
定價200元

武術武道技術

1 日本合氣道 健身與修養
定價230元

2 現代跆拳道運動教學與訓練
定價500元

3 泰拳基礎訓練讀本
定價330元

4 泰拳實戰攻防技術
定價280元

5 李小龍腿功教室
定價280元

6 跟專家練跆拳道
定價220元

截拳道入門

1 截拳道手擊技法
定價230元

2 截拳道腳踢技法
定價230元

3 截拳道擒跌技法
定價230元

4 截拳道攻防技法
定價230元

5 截拳道連環技法
定價230元

6 截拳道功夫匯宗
定價230元

體育教材

1 籃球運動教程+VCD
定價550元

2 游泳運動教程
定價400元

3 板球基礎教程
定價400元

4 街舞運動教程
定價280元

5 排球運動教程
定價450元

11 體育康復學
定價350元

太極武術教學光碟

大展好書　好書大展

品嘗好書　冠群可期